essentials

Essentials liefern aktuelles Wissen in konzentrierter Form. Die Essenz dessen, worauf es als „State-of-the-Art" in der gegenwärtigen Fachdiskussion oder in der Praxis ankommt. *Essentials* informieren schnell, unkompliziert und verständlich

- als Einführung in ein aktuelles Thema aus Ihrem Fachgebiet
- als Einstieg in ein für Sie noch unbekanntes Themenfeld
- als Einblick, um zum Thema mitreden zu können

Die Bücher in elektronischer und gedruckter Form bringen das Fachwissen von Springerautor*innen kompakt zur Darstellung. Sie sind besonders für die Nutzung als eBook auf Tablet-PCs, eBook-Readern und Smartphones geeignet. *Essentials* sind Wissensbausteine aus den Wirtschafts-, Sozial- und Geisteswissenschaften, aus Technik und Naturwissenschaften sowie aus Medizin, Psychologie und Gesundheitsberufen. Von renommierten Autor*innen aller Springer-Verlagsmarken.

Uwe Seebacher · Jörg Forthmann

Predictive Communication Intelligence

Wie Organisationen ihre Kommunikationsperformance datenbasiert transformieren

Uwe Seebacher ⓘ
Academic Institute for Qualified
Methods and Professional Structures
(AQPS)
Graz, Österreich

Jörg Forthmann
Faktenkontor GmbH
Hamburg, Deutschland

ISSN 2197-6708 ISSN 2197-6716 (electronic)
essentials
ISBN 978-3-658-49623-4 ISBN 978-3-658-49624-1 (eBook)
https://doi.org/10.1007/978-3-658-49624-1

Die Deutsche Nationalbibliothek verzeichnet diese Publikation in der Deutschen Nationalbibliografie; detaillierte bibliografische Daten sind im Internet über https://portal.dnb.de abrufbar.

© Der/die Herausgeber bzw. der/die Autor(en), exklusiv lizenziert an Springer Fachmedien Wiesbaden GmbH, ein Teil von Springer Nature 2025

Das Werk einschließlich aller seiner Teile ist urheberrechtlich geschützt. Jede Verwertung, die nicht ausdrücklich vom Urheberrechtsgesetz zugelassen ist, bedarf der vorherigen Zustimmung des Verlags. Das gilt insbesondere für Vervielfältigungen, Bearbeitungen, Mikroverfilmungen und die Einspeicherung und Verarbeitung in elektronischen Systemen.
Die Wiedergabe von allgemein beschreibenden Bezeichnungen, Marken, Unternehmensnamen etc. in diesem Werk bedeutet nicht, dass diese frei durch jede Person benutzt werden dürfen. Die Berechtigung zur Benutzung unterliegt, auch ohne gesonderten Hinweis hierzu, den Regeln des Markenrechts. Die Rechte des/der jeweiligen Zeicheninhaber*in sind zu beachten.
Der Verlag, die Autor*innen und die Herausgeber*innen gehen davon aus, dass die Angaben und Informationen in diesem Werk zum Zeitpunkt der Veröffentlichung vollständig und korrekt sind. Weder der Verlag noch die Autor*innen oder die Herausgeber*innen übernehmen, ausdrücklich oder implizit, Gewähr für den Inhalt des Werkes, etwaige Fehler oder Äußerungen. Der Verlag bleibt im Hinblick auf geografische Zuordnungen und Gebietsbezeichnungen in veröffentlichten Karten und Institutionsadressen neutral.

Springer Gabler ist ein Imprint der eingetragenen Gesellschaft Springer Fachmedien Wiesbaden GmbH und ist ein Teil von Springer Nature.
Die Anschrift der Gesellschaft ist: Abraham-Lincoln-Str. 46, 65189 Wiesbaden, Germany

Wenn Sie dieses Produkt entsorgen, geben Sie das Papier bitte zum Recycling.

Was Sie in diesem *essential* finden können

- Eine klare Begriffsklärung: Was genau ist Predictive Communication Intelligence – und was nicht?
- Ein strategisches Framework: Warum PCI ab 2025 kein „Nice-to-have", sondern ein „Must-have" für jede Kommunikationsfunktion ist.
- Technologische Grundlagen: Welche Daten, Algorithmen und Tools für PCI erforderlich sind – und wie sie zusammenspielen.
- Konkrete Anwendungsfelder: Vom Krisenradar über Trendprognosen bis zur Erfolgsmessung – wie PCI entlang der gesamten Kommunikationswertschöpfung wirkt.
- Ein Implementierungsleitfaden: In vier klaren Schritten zeigen wir, wie Kommunikationsabteilungen PCI erfolgreich einführen – kulturell, organisatorisch und technisch.
- Organisatorische Voraussetzungen: Welche Rollen, Ressourcen und Rahmenbedingungen notwendig sind, um PCI dauerhaft zu verankern.
- Ethische Reflexionen: Warum PCI kein Freifahrtschein zur Manipulation ist – und wie eine verantwortungsvolle, transparente Kommunikation mit und durch KI gelingt.
- Ein Ausblick auf das Jahr 2030: Welche Entwicklungen zu erwarten sind – und wie Sie sich schon heute darauf vorbereiten können.

Vorwort

Kommunikation war nie neutral. Sie war immer Macht – und zunehmend wird sie zum Risiko. In einer Welt, in der sich Stimmungen in Minuten drehen, Meinungen in Echtzeit kippen und Narrative unkontrolliert viral gehen, verliert das klassische Modell der Unternehmenskommunikation seine Wirksamkeit. Was gestern als Kampagnenplanung galt, ist heute ein Blindflug durch algorithmische Resonanzräume.

Wir haben dieses Essential geschrieben, weil wir überzeugt sind: **Die Kommunikationsfunktion steht an einem strategischen Wendepunkt.** Reaktivität genügt nicht mehr – was wir brauchen, ist **Voraussicht. Präzision. Intelligenz.**

Predictive Communication Intelligence (PCI) ist weit mehr als ein technologisches Upgrade für PR- oder Kommunikationsabteilungen. Es ist ein neues Betriebssystem für die strategische Kommunikation. PCI verbindet Daten, Mustererkennung und künstliche Intelligenz mit der Fähigkeit, kommunikative Entwicklungen frühzeitig zu erkennen – bevor sie aufschlagen, bevor sie eskalieren, bevor Chancen ungenutzt verstreichen.

In unseren jeweiligen Arbeitsfeldern – dem **Reengineering von Corporate Communication**, der Entwicklung prädiktiver Analyse- und Empfehlungsmodelle sowie der datenbasierten Krisen- und Reputationsarbeit – haben wir erlebt, was möglich ist, wenn Kommunikation sich nicht länger als Sprachrohr versteht, sondern als Radar, als Steuerungseinheit, als Frühwarnsystem. Wir bedanken uns an dieser Stelle bei den Wissenschaften des **predictores.ai** Forschungsprojektes, die uns bei der Entwicklung dieses *essentials* mit deren Forschungsarbeiten wesentlich unterstützt haben.

Dieses Buch ist unser gemeinsamer Entwurf für ein neues Selbstverständnis der Kommunikation – evidenzbasiert, strategisch anschlussfähig und operativ wirksam. Wir richten uns an alle, die Kommunikation nicht als Begleitdisziplin sehen, sondern als entscheidenden Hebel für Resilienz, Vertrauen und Zukunftsfähigkeit von Organisationen.

PCI ist kein Tool. Es ist ein Haltungstest.

Es zwingt uns, Kommunikation nicht nur zu verbessern – sondern radikal neu zu denken.

Nicht als Rückspiegel. Sondern als Navigationssystem.

Prof. Dr. Uwe Seebacher

Dr. Jörg Forthmann

Interessenkonflikte Die Autor*innen haben keine für den Inhalt dieses Manuskripts relevanten Interessenkonflikte.

Inhaltsverzeichnis

1	**Einleitung**..	1
2	**Was ist Predictive Communication Intelligence?**................	3
	2.1 PCI versus Datenwissenschaft.............................	3
	2.2 PCI versus Business Intelligence (BI).....................	5
	2.3 PCI versus Predictive Analytics (PA).....................	6
	2.4 PCI und Collective Intelligence..........................	8
	2.5 Zusammenfassung...	9
3	**Strategische Relevanz von PCI ab 2025**.......................	13
	3.1 Digitalisierung und Datenexplosion	13
	3.2 Dynamik der Stakeholder-Erwartungen	14
	3.3 Von reaktiv zu proaktiv zu prädiktiv......................	14
	3.4 Wettbewerbsvorteil durch Wissensvorsprung................	14
	3.5 Krisenprävention und Resilienz...........................	15
	3.6 Strategische Einbindung der Kommunikation................	15
4	**Technologische Grundlagen und Voraussetzungen**...............	17
	4.1 Daten als Rohstoff: Big Data in der Kommunikation...........	17
	4.2 Künstliche Intelligenz und Machine Learning als Motor........	18
	4.3 Tools und Systeme für PCI...............................	20
5	**Anwendungsszenarien in der Unternehmenskommunikation**......	25
	5.1 Anwendung 1: Präzise Stakeholder-Kommunikation in der Transformation	25
	5.2 Anwendung 2: Frühzeitiger Themenbesetzer durch Trendprognose...	25
	5.3 Anwendung 3: Prävention statt Shitstorm..................	26

5.4	Anwendung 4: Reputationsrisiken systematisch steuern.........	26
5.5	Anwendung 5: Kommunikation wird zum Business-Impact-Faktor................................	26

6 Implementierung von PCI in der Kommunikationsabteilung 29
- 6.1 Vom Tool zum Mindset: PCI als Kulturwandel 29
- 6.2 Vier Schritte zur Einführung von PCI...................... 30
- 6.3 Veränderung der Team-Rollen und Fähigkeiten 33
- 6.4 Interne Zusammenarbeit und Governance................... 36

7 Organisatorische Voraussetzungen und Change-Management 39
- 7.1 Voraussetzungen im Unternehmen 39
- 7.2 Change-Management und Mitarbeiter-Einbindung............. 41
- 7.3 Mögliche Stolpersteine 44

8 Herausforderungen, ethische Aspekte und Ausblick.............. 47
- 8.1 Ethische und datenschutzrechtliche Überlegungen............. 47
- 8.2 Zukünftige Entwicklungen und Ausblick.................... 49
- 8.3 Fazit und Ausblick..................................... 50

Was Sie aus diesem *essential* mitnehmen können 53

Literatur.... 55

Über die Autoren

Uwe Seebacher gehört zu den international führenden Methoden- und Strukturwissenschaftlern. Er promovierte in Betriebswirtschaftslehre und ist mit mehreren renommierten internationalen Universitäten und Business Schools affiliiert. Als Autor und Mitglied des *Harvard Business Review Advisory Council* sowie des *Executive Review Board* der *Academy of Management (AOM)* bringt er wissenschaftliche Exzellenz mit unternehmerischer Praxis zusammen.

Seebacher verfügt über mehr als 35 Jahre Erfahrung als Business Angel und Investor, Berater, Führungskraft und Unternehmer – mit Stationen in der Medien-, Produktions- und Dienstleistungsbranche. Er ist ein gefragter Keynote Speaker und Panelist sowie Autor und Herausgeber von über 70 Fachpublikationen bei führenden Verlagen – darunter:

- Sustainable futures with predictive intelligence for organizations in a post-growth economy (Taylor Francis, 2025)
- Collective Intelligence – The Rise of Swarm Systems and Their Impact on Society (CRC Press, 2024)

- The Predictive Architect (DeGryterBrill, 2026)
- Marketing and Sales Automation (Springer, 2023)
- Reengineering Corporate Communication (Springer, 2022)
- Assets-as-a-Service (Springer Gabler, 2021)
- Data-driven Management (Springer Gabler, 2021)
- Predictive Intelligence for Managers (Springer, 2021)
- Praktisches Handbuch B2B Marketing (Springer Gabler, 2023)
- Marketing Resource Management (AQPS, 2021)
- Handbuch Leadership Development (Linde, 2006)
- Template-based Management (Springer, 2020)
- Personalmanagement in Europa (Harvard Business Manager, 2009)

Für seine innovativen Konzepte und Initiativen – u. a. mit Allianz, der Europäischen Union, der Wirtschaftskammer Österreich, Bayer Leverkusen und BASF – wurde er mit zahlreichen Auszeichnungen geehrt, darunter dem *Diskobolos Innovation Award* der Europäischen Wirtschaftskammer und dem *Exportpreis 2016* der Wirtschaftskammer Österreich.

Weitere Informationen: www.uweseebacher.org. Kontakt: uwe.seebacher(at)aqps.eu

Jörg Forthmann startete seine Karriere mit einer fundierten journalistischen Ausbildung. Erste berufliche Stationen führten ihn als freier Journalist zum *Hamburger Abendblatt* und als PR-Berater nach Hamburg. Anschließend wechselte er in die Presse- und Öffentlichkeitsarbeit der Nestlé Deutschland AG, wo er als Assistent des Pressesprechers insbesondere für Unternehmens-, Marken- und Krisenkommunikation verantwortlich war.

Von 1999 bis 2002 leitete Forthmann die Unternehmenskommunikation der Mummert Consulting AG. Danach wurde er geschäftsführender Gesellschafter der Faktenkontor GmbH, wo er seine Expertise in strategischer Kommunikation weiter ausbaute.

Heute ist er Geschäftsführer des Instituts für Management- und Wirtschaftsforschung (IMWF). In dieser Funktion treibt er die Entwicklung von Big-Data- und KI-gestützten Analyseverfahren voran und gestaltet neue Geschäftsmodelle, die auf diesen innovativen Technologien basieren.

Einleitung 1

Wir stehen an einem Wendepunkt in der Unternehmenskommunikation: *Künstliche Intelligenz* und Datenanalytik verändern grundlegend, wie Organisationen mit ihren Stakeholdern interagieren. Kommunikationsabteilungen, die sich bislang oft auf bewährte, reaktive Ansätze verlassen haben, sehen sich 2025 mit einer dynamischen *All-2-All-Interaktionswelt* (Seebacher, 2024, S. 83) konfrontiert, in der Informationen sich in Echtzeit verbreiten und *Reputationen* sich binnen Stunden verändern können. Zugleich eröffnen *Big Data* und prädiktive *Algorithmen* neue Chancen, diese Komplexität zu beherrschen: Indem Muster in riesigen Datenmengen erkannt und zukünftige Entwicklungen antizipiert werden, kann Kommunikation vom Rückspiegel zum Frühwarnsystem transformiert werden.

Predictive Communication Intelligence (PCI) – also die Nutzung von KI-gestützten *Prädiktionsmodellen* in der Unternehmenskommunikation – verspricht, aus verstreuten Datenpunkten verwertbare Kommunikations-Einsichten zu gewinnen, bevor Ereignisse eintreten oder Trends sich manifestieren. Statt nur auf vergangene Ereignisse zu reagieren, kann eine Kommunikationsabteilung mit PCI zukünftige Chancen und Risiken frühzeitig erkennen und strategisch darauf eingehen, weil PCI 24/7 auf Basis von 360 Grad Daten situativ die jeweils nächsten, maximal konvertierenden Kommunikationsmaßnahmen-Alternativen im Sinne der **Communication Conversion Optimization** (CCO, Trummer, 2025) vorschlägt. Dieses Playbook soll Kommunikationsverantwortlichen praxisnah erläutern, warum PCI ab 2025 zu einem strategischen Erfolgsfaktor wird, welche Technologien und Methoden dahinterstehen und wie man diese Ansätze strukturiert in die Kommunikationsarbeit integriert.

Dabei legen wir besonderen Wert auf wissenschaftliche Fundierung und eine klare, nachvollziehbare Argumentation. Jedes Kapitel stützt sich auf aktuelle Studien, Fachliteratur und Branchenberichte, um die vorgestellten Empfehlungen zu untermauern. Gleichzeitig bleibt der Fokus praxisorientiert: Kommunikationsleiter*innen sollen konkrete Handlungsanleitungen und Werkzeuge an die Hand bekommen, um prädiktive Intelligenz in der Unternehmenskommunikation erfolgreich einzuführen. Komplexe Konzepte werden durch Tabellen und Framework-Diagramme veranschaulicht, sodass auch anspruchsvolle Themen greifbar werden.

In der folgenden Gliederung führen wir von der Begriffsdefinition (Kap. 2) über die strategische Bedeutung (Kap. 3) und technologische Grundlagen (Kap. 4) zu den praktischen Anwendungsfeldern (Kap. 5). Anschließend zeigen wir, wie Kommunikationsabteilungen PCI implementieren können (Kap. 6) und welche organisatorischen Voraussetzungen und Veränderungen dies erfordert (Kap. 7). Kap. 8 beleuchtet Herausforderungen, ethische Implikationen und wagt einen Ausblick in die Zukunft. Ein umfassendes Literaturverzeichnis (Kap. 9) schließt das Playbook ab.

2 Was ist Predictive Communication Intelligence?

Predictive Communication Intelligence (PCI) bezeichnet die Fähigkeit, mithilfe von Daten und künstlicher Intelligenz zukünftige Entwicklungen in der Kommunikation vorauszusehen und Handlungsempfehlungen abzuleiten. Dabei werden prädiktive Analysen – also statistische *Algorithmen* und *Machine-Learning-Modelle* – auf Kommunikationsdaten angewendet, um Muster zu erkennen und die Wahrscheinlichkeit zukünftiger Ereignisse oder Reaktionen zu prognostizieren.

Anders als herkömmliche Analytics, die meist vergangene Performance messen (*Descriptive Analytics*, Sharma et al., 2022) oder Ursachen analysieren (*Diagnostic Analytics*, Wolniak & Grebski, 2023), zielt PCI darauf ab, vorausschauende Einblicke zu gewinnen: Welche Botschaften werden morgen relevant sein? Wie könnten Stakeholder auf die nächste Kommunikationsmaßnahme reagieren? Welche Risiken zeichnen sich am Horizont ab?

2.1 PCI versus Datenwissenschaft

Predictive Communication Intelligence (PCI) ist kein bloßer Ableger der klassischen Datenwissenschaft – und sollte auch nicht als solcher missverstanden werden. Zwar bedient sich PCI technischer Methoden aus der Data Science wie maschinellem Lernen, Natural Language Processing (NLP) oder statistischer Modellierung, doch der konzeptionelle Fokus, die Zielsetzung und der Anwendungsrahmen unterscheiden sich grundlegend.

Die klassische Datenwissenschaft zielt darauf ab, aus Daten allgemeingültige Muster, Korrelationen und Modelle zu entwickeln – oft im Dienste von Forschung, Technologieentwicklung oder universellen Business-Prozessen. Predictive Communication Intelligence hingegen verfolgt ein spezifisches Ziel: **die strategische**

Steuerung und Antizipation kommunikativer Wirkungsmechanismen. PCI nutzt Daten nicht um ihrer selbst willen, sondern um kommunikative Entscheidungen in Echtzeit zu unterstützen – kontextsensitiv, stakeholderbezogen und handlungsorientiert.

Während *Data Scientists* Daten primär als numerische oder kategorische Variablen betrachten, interpretiert PCI Daten als **semantische, soziale und kulturelle Signale.** Ein Tweet, ein Medienartikel, ein Shitstorm sind in der Kommunikationslogik mehr als ein Datensatz – sie sind Indikatoren für Wahrnehmung, Relevanz und Risiko. PCI bringt daher zusätzlich zur Datenkompetenz ein tiefes Verständnis für **narrative Dynamiken, Medienlogiken und Stakeholderpsychologie** mit.

Datenwissenschaft arbeitet häufig modellzentriert, PCI hingegen **strategiezentriert.** Die Qualität prädiktiver Kommunikation hängt nicht allein von der Modellgüte ab, sondern vom strategischen Kontext: Was bedeutet ein identifiziertes Thema für die Reputation? Wie verändert sich die je Wirkung nach Zielgruppe, Timing oder Plattform? PCI stellt also nicht nur die Frage „Was passiert wahrscheinlich?", sondern vor allem: **„Was ist die kommunikationsstrategisch sinnvolle Antwort darauf?"**

PCI ist eine genuine Schnittstellenkompetenz. Sie vereint Erkenntnisse aus der Kommunikationswissenschaft, der Medienpsychologie, den Strukturwissenschaften, der Ethik und der Künstlichen Intelligenz. Klassische Datenwissenschaft operiert meist in interdisziplinären, aber daten-zentrierten Teams. PCI hingegen erfordert **kommunikative Intelligenz,** die Daten, Strategie und Empathie in Echtzeit verbindet – ein Denken in Wirkungsarchitekturen statt in Regressionskoeffizienten.

Der Erfolg von PCI misst sich nicht an der mathematischen Eleganz eines Modells, sondern an der **kommunikativen Wirkung in der Realität:** Wurde ein Thema rechtzeitig antizipiert? Konnte ein Reputationsrisiko abgewendet werden? Führte ein KI-gestützter Handlungsvorschlag zu mehr Vertrauen, Sichtbarkeit oder Interaktion? In diesem Sinne ist PCI kein technisches Subsystem der Data Science, sondern ein eigenständiges Steuerungskonzept für die Kommunikationspraxis im Zeitalter der Datenflut.

Predictive Communication Intelligence nutzt zwar Methoden der Datenwissenschaft, geht jedoch weit darüber hinaus. Es ist ein hochgradig kontextualisierter, strategischer und normativ reflektierter Ansatz, der den Anspruch verfolgt, Kommunikation nicht nur zu messen, sondern **intelligent, vorausschauend und verantwortungsvoll zu gestalten.**

2.2 PCI versus Business Intelligence (BI)

Auf den ersten Blick scheinen Predictive Communication Intelligence (PCI) und Business Intelligence (BI) zwei Seiten derselben Medaille zu sein – beide nutzen Daten, um Entscheidungen zu unterstützen. Doch bei genauerer Betrachtung zeigen sich **grundlegende Unterschiede in Zielsetzung, Methodik und Wirkungsebene,** die eine klare Abgrenzung notwendig machen.

Business Intelligence verfolgt primär das Ziel, **Vergangenes zu analysieren, Aktuelles zu visualisieren und auf dieser Basis operativ zu steuern.** Es geht um Effizienz, Performance-Kennzahlen und das Monitoring von Prozessen entlang klar definierter KPIs – meist in Controlling, Vertrieb, Einkauf oder Produktion.

PCI hingegen fokussiert die **vorausschauende Interpretation und strategische Gestaltung kommunikativer Prozesse.** Es geht nicht um reine Effizienzkontrolle, sondern um Frühwarnung, Wirkungsprognose und die intelligente Steuerung von Narrativen, Stimmungen und Stakeholder-Interaktionen. Kommunikation lässt sich eben nicht in klassische BI-Metriken pressen – sie wirkt indirekt, diskursiv und oft asynchron.

BI verarbeitet in der Regel **strukturierte, numerische Daten:** Umsätze, Lagerbestände, Conversion Rates, Besuchszahlen. Die Modelle sind stark quantitativ und auf deterministische Zusammenhänge ausgelegt.

PCI hingegen arbeitet vorwiegend mit **unstrukturierten oder semistrukturierten Daten:** Text, Tonalität, semantische Muster, Stimmungsindikatoren. Diese werden mittels Natural Language Processing (NLP), Sentiment Analysis und Topic Modeling analysiert – mit dem Ziel, **kommunikative Bedeutung** und nicht bloß Zahlenrelationen zu erkennen. PCI sieht Daten nicht nur als Informationsquelle, sondern als **Signale sozialer Dynamiken.**

BI ist primär deskriptiv und vergangenheitsorientiert. Es beantwortet Fragen wie:
„Was ist passiert?" – „Wo stehen wir heute?" – „Wie performt ein Bereich im Vergleich zum Vorjahr?"

PCI hingegen ist **explorativ und prädiktiv:**
„Welche Themen entstehen gerade?" – „Welche Reaktionen drohen auf eine Maßnahme?" – „Welche Narrative könnten morgen virale Reichweite entfalten?"

Die Kommunikationseinheit wird damit zum **strategischen Frühwarnsystem,** nicht zum Reporting-Zentrum.

BI ist auf unternehmerische Prozesse fokussiert – Supply Chain, Finanzreporting, Vertriebssteuerung. Es optimiert innerhalb eines bestehenden Rahmens.

PCI hingegen beeinflusst die **öffentliche, mediale und organisationale Wahrnehmung.** Es wirkt nach außen wie nach innen – auf Vertrauen, Reputation, Legitimität, Dialogfähigkeit. Diese Werte sind **nicht direkt monetarisierbar,** aber sie entscheiden über Marktzugang, Krisenresilienz und Zukunftsfähigkeit. Genau hier entfaltet PCI seinen Wert.

BI-Systeme unterstützen rationale Entscheidungen, reduzieren Komplexität und standardisieren Berichtsprozesse. Ihre Stärke liegt in **Prozessrationalität.**

PCI geht einen Schritt weiter: Es verbindet algorithmische Mustererkennung mit **kommunikativer Intuition, Empathie, kultureller Intelligenz** (Krings et al., 2025) **und ethischem Urteilsvermögen.** Die KI liefert Vorschläge – der Mensch erkennt, wann diese strategisch sinnvoll oder ethisch problematisch sind. PCI steht damit für ein **Modell der Co-Intelligenz,** nicht der Maschinenlogik.

Business Intelligence hilft, das Unternehmen besser zu verstehen.

Predictive Communication Intelligence hilft, besser verstanden zu werden.

Beides ist notwendig – aber nur PCI schafft die Brücke zwischen datengetriebener Analyse und glaubwürdiger, zukunftsgerichteter Kommunikation. In einer Welt, in der Reputationskapital zur neuen Währung wird, ist das der Unterschied zwischen Kontrolle und Relevanz.

2.3 PCI versus Predictive Analytics (PA)

Der Begriff **Predictive Analytics** (Seebacher, 2023, S. 90) ist längst in der Unternehmenswelt angekommen. Ob Vertrieb, Supply Chain oder Marketing – nahezu jede Abteilung nutzt heute prädiktive Modelle, um zukünftige Entwicklungen aus Daten abzuleiten. Doch was passiert, wenn wir diese Voraussagekraft in den sensibelsten Bereich der Organisation transferieren – in die Kommunikation?

Genau hier beginnt **Predictive Communication Intelligence (PCI)** – und löst sich bewusst von einem rein analytischen Verständnis.

Predictive Analytics (PA) zielt auf **Wahrscheinlichkeitsvorhersagen**: „Wie wahrscheinlich ist ein Kauf?", „Wann wird der Lagerbestand unterkritisch?", „Wie hoch ist das Abwanderungsrisiko?" Die Modelle sind quantitativ, numerisch und nutzen meist strukturierte Daten.

PCI hingegen fragt:

„Welche Themen entstehen im öffentlichen Diskurs?"

„Welche Narrative gewinnen an Relevanz?"

2.3 PCI versus Predictive Analytics (PA)

„Wie wird unsere Kommunikation in verschiedenen Stakeholder-Gruppen wirken?"
„Welche ist die nächste, beste Maßnahme?"
Es geht also nicht nur um das *Was wird passieren,* sondern um das *Warum es wichtig ist* – und wie man strategisch darauf reagiert. PCI bringt damit eine **kommunikative Bedeutungsebene** in die Vorhersagearbeit ein.

PA arbeitet meist mit klar strukturierten Datenpunkten – Transaktionen, Klicks, Zeitstempel, Kundendaten. Ziel ist es, Verhaltensmuster vorherzusagen.

PCI hingegen operiert in einer **vielschichtigen, oft chaotischen Datenumwelt**: Social Media, Presseberichte, Kommentare, interne Feedbacks, Gerüchte, NGO-Statements, Tonalität, Kontextwechsel. Hier geht es nicht nur um Verhalten, sondern um **Stimmung, Bedeutung und Resonanz** – also die DNA von Kommunikation.

PA will vor allem Prozesse effizienter machen: Werbekampagnen aussteuern, Angebote personalisieren, Lagerkosten senken. PCI hingegen verfolgt **strategische Frühwarnung und Reputationssteuerung**. Es will nicht nur messen, sondern ermöglichen:

- dass Kommunikationsabteilungen Themen antizipieren,
- Risiken abwenden,
- und Chancen kommunikativ besetzen – **bevor sie sichtbar werden.**

PA ist weitgehend **technologie- und businessgetrieben.** Die soziale und ethische Dimension bleibt meist ausgeklammert. PCI dagegen ist untrennbar mit **gesellschaftlicher Verantwortung, Vertrauen und öffentlicher Wahrnehmung** verbunden. Wer prädiktiv kommuniziert, muss auch wissen, **wann man nicht kommuniziert,** wie man Inhalte kontextualisiert und wie man KI gestützt, aber ethisch geführt arbeitet.

Predictive Analytics sagt dir, was wahrscheinlich passiert.
Predictive Communication Intelligence sagt dir, was kommunikativ zählt und was du als nächstes am besten machst.

PCI ist somit keine Unterkategorie von Predictive Analytics, sondern eine eigenständige, interdisziplinäre Weiterentwicklung – mit dem Ziel, Daten nicht nur zu analysieren, sondern in **strategisch relevante, ethisch reflektierte und wirkungsorientierte Kommunikation** zu übersetzen.

2.4 PCI und Collective Intelligence

In einer Welt zunehmender Komplexität, Unsicherheit und Beschleunigung reicht es nicht mehr aus, sich auf lineare Ursache-Wirkungsmodelle oder retrospektive Analysen zu verlassen. Organisationen brauchen neue Formen der **Vorausschau, Resonanzfähigkeit und kollektiven Lernleistung**. Genau hier entfaltet die Kombination von **Predictive Communication Intelligence (PCI)** und **Collective Intelligence (CI)** ihre transformative Kraft.

Predictive Communication Intelligence nutzt künstliche Intelligenz, um aus großen Mengen an Kommunikationsdaten Muster zu extrahieren, Stimmungsverläufe zu prognostizieren und wahrscheinliche Narrative der Zukunft zu identifizieren. Diese Einsichten sind jedoch nur dann strategisch wertvoll, wenn sie im organisationalen oder gesellschaftlichen Kontext verstanden und reflektiert werden.

Hier kommt **Collective Intelligence** ins Spiel: Sie ermöglicht es, die durch PCI gewonnenen Erkenntnisse **gemeinsam zu deuten, zu validieren und in kollektive Entscheidungsprozesse** zu überführen. Das System erkennt – die kollektive Intelligenz entscheidet, was zu tun ist.

Während PCI technische Vorhersagen darüber liefert, *was* passieren könnte (z. B. ein Reputationsrisiko oder ein Themenwandel), sorgt CI dafür, dass diese Informationen **durch Beteiligung, Vielfalt und kollektive Perspektiven angereichert werden**. In diesem Zusammenspiel entsteht ein neuer Möglichkeitsraum:

PCI = Was wir wissen könnten
CI = Was wir daraus machen sollten

Gerade in der strategischen Kommunikation – etwa bei Transformationen, Krisen oder Innovationsprojekten – ist diese **Symbiose aus technischer Antizipation und sozialer Kognition** entscheidend.

Ein häufiges Missverständnis ist, dass Collective Intelligence nur ein digitalisiertes Brainstorming sei. In Wirklichkeit handelt es sich um eine **strukturierte, systemische Form sozialer Intelligenz**, die durch Plattformen, partizipative Methoden und dialogische Führungsmodelle operationalisiert wird.

PCI liefert die datenbasierte Vorstrukturierung – etwa durch das Identifizieren aufkommender Diskurse in sozialen Netzwerken oder internen Feedbackkanälen. CI nutzt diese Vorstruktur, um kollektive Sinnbildung zu ermöglichen – z. B. in Form von moderierten Entscheidungsprozessen, kollektiven Priorisierungen oder kollaborativ entwickelten Narrativen.

Durch die Kombination von PCI und CI entsteht eine neue Form organisationaler Intelligenz, die über Einzelmeinungen, isolierte Abteilungen oder klassische Hierarchien hinausgeht. Wir sprechen hier von einer **intelligenten Organisation**, die:

- Daten erkennt, **bevor** sie interpretiert wurden,
- Muster antizipiert, **bevor** sie zur Realität werden,
- und kollektiv reagiert, **bevor** einzelne Akteure überfordert sind.

Diese Fähigkeit nennen wir auch: **Collective Predictive Intelligence (CPI)** – ein emergentes Konzept, in dem algorithmische Prognosekraft und menschliche Resonanzfähigkeit zu einem selbstlernenden Steuerungssystem verschmelzen.

Ein Unternehmen erkennt durch PCI, dass in der internen Kommunikation das Vertrauen in ein Transformationsprojekt zu kippen droht. Die Analyse identifiziert bestimmte Formulierungen und Themen in Intranet-Posts, die auf zunehmende Skepsis hindeuten.

Anstatt nun nur „top-down" mit Gegenbotschaften zu reagieren, wird über kollektive Intelligenz ein **offener Co-Creation-Prozess mit Mitarbeitenden** gestartet: Neue Botschaften, Fragen und Beteiligungsformate werden gemeinsam entwickelt – basierend auf den Erkenntnissen von PCI, aber getragen von der Intelligenz der Vielen.

Ergebnis: Die Kommunikation wird nicht nur smarter – sie wird glaubwürdiger, partizipativer und wirksamer.

PCI erkennt. CI versteht.
Gemeinsam handeln sie.

Predictive Communication Intelligence liefert die analytische Tiefe, Collective Intelligence die soziale Breite. Erst in ihrer Verbindung entsteht eine **zukunftsfähige, resiliente und menschenzentrierte Kommunikationskultur**, die Organisationen in die Lage versetzt, nicht nur schneller, sondern **klüger** zu kommunizieren.

2.5 Zusammenfassung

Eine prägnante Definition liefert Nkembuh (2024): Predictive Analytics im Kommunikationskontext nutzen historische Daten und KI, um proaktive, datengetriebene Strategien zu ermöglichen, die Stakeholder-Bedürfnisse antizipieren und potenzielle Probleme erkennen, bevor sie eskalieren. Übertragen auf die Unternehmenskommunikation heißt das: PCI verknüpft Kommunikationsarbeit mit datenbasierter Vorhersagekraft. Kommunikationsinhalte und -kanäle werden nicht nur in Echtzeit analysiert, sondern fortlaufend auf Muster und Trends abgeklopft, um kommende Stimmungsumschwünge oder Themenwellen früh zu erkennen. Claudia Gabler, eine Vordenkerin auf diesem Gebiet, beschreibt PCI als

„Erkenntnis- und Empfehlungssystem, das uns in die Lage versetzt, Wirkung zu verstehen, Zukunft zu antizipieren und Kommunikation prädiktiv strategisch auszurichten".

Wichtig ist: PCI ist mehr als ein Analyse-Tool. Es geht nicht mehr um Berichte und Dashboards, sondern um interaktive Systeme, die Kommunikationsteams agile Handlungsempfehlungen in nahezu Echtzeit liefern. So wandelt sich z. B. klassische Kampagnenplanung zu einem kontinuierlichen, lernenden Prozess: Inhalte werden prädiktiv kontextualisiert (anstatt nur periodisch veröffentlicht), Zielgruppen situativ verstanden (anstatt statisch segmentiert) und Erfolg nicht am Output, sondern am tatsächlichen Impact auf Unternehmensziele gemessen.

Zusammengefasst umfasst Predictive Communication Intelligence folgende Kernaspekte:

- **Datengetriebene Prognosen**: Verwendung von Algorithmen, um aus historischen und aktuellen Kommunikationsdaten Vorhersagen über zukünftige Trends, Krisen oder Stakeholder-Reaktionen abzuleiten.
- **Echtzeit-Monitoring und -Anpassung**: Permanente Beobachtung der Kommunikationsumwelt (z. B. Social Listening) und dynamische Anpassung von Botschaften und Maßnahmen basierend auf den prädiktiven Insights.
- **Handlungsempfehlungen durch KI als „Next Best Action"**: Systeme, die Kommunikationsverantwortlichen konkrete Empfehlungen geben – etwa welcher Kanal oder welches Wording voraussichtlich die größte Wirkung bei einer bestimmten Zielgruppe entfalten wird.
- **Integration von Mensch und Maschine**: Eine enge Zusammenarbeit zwischen KI-Systemen und Kommunikator*innen, bei der die Stärken beider Seiten genutzt werden. AI übernimmt das schnelle Durchforsten und Analysieren von Big Data, der Mensch validiert die Ergebnisse, achtet auf Plausibilität und ethische Vertretbarkeit und trifft letztlich informierte Entscheidungen.

2.5 Zusammenfassung

Schon der Begriff "Intelligence" in PCI verdeutlicht den Anspruch, nicht nur Informationen, sondern handlungsrelevante Intelligenz für die Kommunikation bereitzustellen. Es geht darum, das Kommunikationsmanagement, um eine vorausschauende Komponente zu erweitern – vergleichbar einem Navigationssystem, das nicht nur den bisherigen Weg aufzeichnet, sondern aktiv die Route anpasst, wenn es Stau oder Hindernisse voraus erkennt.

3 Strategische Relevanz von PCI ab 2025

Warum ist ausgerechnet ab 2025 Predictive Communication Intelligence kein Nice-to-have mehr, sondern ein Must-have für Unternehmen? Dafür lassen sich mehrere Entwicklungen und Herausforderungen anführen, die 2025 auf ihren Höhepunkt zulaufen:

3.1 Digitalisierung und Datenexplosion

Die Interaktionen zwischen Organisationen und ihren Stakeholdern finden heute überwiegend digital statt in einer Welt, die nicht mehr den Kriterien einer VUCA- sondern jener einer FIBS-Welt[1] folgt – über soziale Medien, Online-Medien, Messenger-Dienste, Foren, Bewertungsplattformen und interne soziale Netzwerke. Jeder dieser Kontakte erzeugt Daten: Posts, Kommentare, Shares, Klickzahlen, Stimmungsindikatoren.

Das Volumen an verfügbaren Kommunikationsdaten hat sich in den letzten Jahren exponentiell vergrößert. Wer diese Big Data ignoriert, verzichtet auf wertvolles Wissen darüber, was die Öffentlichkeit und Mitarbeiter wirklich bewegt. Gleichzeitig können Menschen allein diese Datenflut nicht mehr manuell auswerten – hier kommt PCI ins Spiel, um aus Milliarden von digitalen Spurenelementen verlässliche Muster herauszulesen.

---

[1] https://uweseebacher.org/blogs/news/navigating-communication-in-A-fibs-world-the-need-for-A-paradigm-shift. Zugegriffen am: 8. Juli 2025.

© Der/die Autor(en), exklusiv lizenziert an Springer Fachmedien Wiesbaden GmbH, ein Teil von Springer Nature 2025
U. Seebacher und J. Forthmann, *Predictive Communication Intelligence*, essentials, https://doi.org/10.1007/978-3-658-49624-1_3

3.2 Dynamik der Stakeholder-Erwartungen

Stakeholder – seien es Kunden, Mitarbeitende, Investoren oder die breite Öffentlichkeit – sind anspruchsvoller und ungeduldiger geworden. Trends entstehen und vergehen in rasantem Tempo, Meinungsbilder schlagen teils innerhalb von Stunden um. Traditionelle Kommunikationsmechaniken, die auf dem linearen Sender-Empfänger-Modell basieren, stoßen hier an ihre Grenzen.

Das eine abgestimmte Wording für alle passt nicht mehr, wenn parallel millionenfache One-to-One-Interaktionen und Mass Customization der Inhalte gefragt sind. Die strategische Relevanz von PCI liegt darin, solche Erwartungsdynamiken früh zu erkennen: Durch prädiktive Auswertung von Stimmungsverläufen und Gesprächsthemen kann ein Unternehmen erahnen, welche Anliegen morgen aufkommen und seine Kommunikation entsprechend vorbereiten. Damit wird die Kommunikation vom bloßen Sender zum Radar für sich verändernde Erwartungen – ein Frühwarnsystem für Themen und Anliegen.

3.3 Von reaktiv zu proaktiv zu prädiktiv

Viele Organisationen haben in den letzten Jahren bereits den Schritt von reaktiver PR (nur reagieren, wenn etwas passiert) zu proaktiver PR (Themen aktiv selbst setzen) geschafft. Doch die wirklich führenden Kommunikationsabteilungen gehen nun einen Schritt weiter: hin zur prädiktiven Funktion. Dave Samson und Jim O'Leary (2020) betonen, dass Weltklasse-Kommunikationsteams ihre Rolle vom Berichterstatter zum Werttreiber wandeln, indem sie mittels Daten vorab erahnen, was Stakeholder brauchen werden und wo Risiken entstehen könnten.

Ein prädiktives Kommunikationsteam kann Stakeholder-Verhalten, Geschäftsrisiken und Chancen antizipieren, noch bevor diese konkret sichtbar sind. Damit trägt die Kommunikationsabteilung direkt zur Wertschöpfung bei und untermauert ihren ROI, etwa durch Vermeidung von Krisenschäden oder Nutzen von Trendchancen.

3.4 Wettbewerbsvorteil durch Wissensvorsprung

In der Kommunikationsarbeit zahlt sich Schnelligkeit und Timing aus. Wer als Erster einen aufkommenden Trend besetzt oder eine Krise antizipiert, kann die öffentliche Wahrnehmung aktiv gestalten, statt hinterherzulaufen. Studien zeigen, dass die meisten PR-Teams noch reaktiv auf Trends aufspringen – oft zu spät, wenn das Thema bereits „kalter Kaffee" ist.

Predictive Analytics erlauben es, Gespräche und Themen in der Entstehung zu erkennen, sodass das Unternehmen sich frühzeitig positionieren kann, bevor die Konkurrenz überhaupt merkt, was passiert. Ein Beispiel: Als sich 2020 das Thema „Remote Work" zunächst zaghaft abzeichnete, erzielten jene Unternehmen enorme Medienaufmerksamkeit, die den Trend antizipierten und früh Expertise dazu kommunizierten, bevor alle darüber sprachen. Solche Vorsprünge in der Aufmerksamkeit sind Gold wert für Reputation und Markenvertrauen.

3.5 Krisenprävention und Resilienz

Krisenkommunikation ist klassischerweise reaktiv – man antwortet, wenn der Shitstorm schon tobt oder der Rückruf unvermeidlich ist. Doch viele Krisen senden frühe Warnsignale aus, die oft übersehen werden. Etwa ein Anstieg negativer Kommentare zu einem Produkt, der künftige Qualitätsprobleme andeutet, oder vereinzelte Medienberichte, die zu einem Skandal hochkochen könnten. PCI verschafft hier einen unschätzbaren Zeitgewinn: Durch Sentiment-Analysen und Anomalie-Erkennung in sozialen und traditionellen Medien lassen sich negative Trendmuster erkennen, bevor sie viral gehen.

So können Unternehmen gegensteuern, ehe aus einem einzelnen Tweet ein Flächenbrand wird. Beispielsweise kann ein prädiktives Monitoring-System Alarm schlagen, wenn in Foren ein Problem an Fahrt gewinnt, sodass die Kommunikationsabteilung sofort mit Klarstellungen oder Lösungsschritten reagieren kann, bevor Mainstream-Medien darauf anspringen. In unsicheren Zeiten wird die Fähigkeit, Krisen vor ihrer Eskalation einzufangen, selbst zum Wettbewerbsfaktor – sie schützt die Reputation und spart potenziell immense Kosten.

3.6 Strategische Einbindung der Kommunikation

Ein oft unterschätzter Aspekt ist, wie PCI die Stellung der Kommunikationsfunktion im Unternehmen stärkt. Bisher hatte Kommunikation in der Chefetage manchmal einen schweren Stand, da ihr Wert schwer quantifizierbar schien ("weiche" Faktoren wie Image, Vertrauen). Mit fortgeschrittener Datenanalyse kann Kommunikation ihren Impact in harten Zahlen belegen. Moderne Tools verknüpfen Medienresonanz mit KPIs wie Web-Traffic, Kundenanfragen oder sogar

Umsatz und Aktienkursen. Wenn nun prädiktive Modelle aufzeigen, dass eine bestimmte Kommunikationsmaßnahme mit x% Wahrscheinlichkeit zu einem Anstieg der Mitarbeiterbindung oder zur Vermeidung eines Reputationsrisikos beiträgt, erhöht das die Glaubwürdigkeit des Communication Executive enorm.

Gabler et al. (2025) beschreiben in deren Fallstudie aus dem Hochschulbereich, dass dank PCI in ihrem Unternehmen Kommunikation heute integraler Bestandteil der strategischen Planung ist – mit klaren Leistungsversprechen und messbaren Wertbeiträgen zur Unternehmensstrategie. Kommunikation wird damit führungskräftig: Sie liefert der Geschäftsleitung proaktive Entscheidungsgrundlagen, z. B. welche gesellschaftlichen Trends man adressieren sollte oder wo kommunikative Risiken schlummern. Dieses neue Rollenverständnis – von der Kommunikationsabteilung als Strategischer Radar und Berater – ist ein entscheidender Grund, warum PCI 2025 strategisch relevant ist.

Folgende Faktoren sind somit maßgeblich dafür verantwortlich, dass PCI ab 2025 zur Schlüsselkompetenz in der Unternehmenskommunikation wird:

- die allgegenwärtige Digitalisierung,
- die Datenflut,
- rasante Themenzyklen,
- steigende Erwartungen der Stakeholder und
- die Notwendigkeit, kommunikativen Mehrwert klar nachzuweisen.

Organisationen, die jetzt in prädiktive Kommunikationsfähigkeiten investieren, verschaffen sich einen Wissens- und Handlungsvorsprung. Wer hingegen weiterhin nur reagiert, läuft Gefahr, von der Informationsdynamik überrollt zu werden und im Wettbewerb um Aufmerksamkeit, Vertrauen und Reputation zurückzufallen.

Technologische Grundlagen und Voraussetzungen 4

Predictive Communication Intelligence wird durch das Zusammenspiel mehrerer technologischer Komponenten und Datenressourcen ermöglicht. In diesem Kapitel beleuchten wir die wichtigsten Grundlagen: von den Datenquellen über die Analytik-Methoden bis hin zu Infrastrukturen und Tools, die für PCI erforderlich sind.

4.1 Daten als Rohstoff: Big Data in der Kommunikation

Am Anfang jeder prädiktiven Analyse stehen die Daten. Kommunikationsabteilungen können heute auf eine Fülle interner und externer Datenquellen zugreifen:

- **Social Media:** Öffentliche Posts, Kommentare, Shares auf Plattformen wie Twitter, LinkedIn, Facebook, Instagram, YouTube, TikTok etc. liefern Echtzeit-Stimmungsbilder und Trendindikatoren. Tools scannen millionenfache Erwähnungen, Hashtag-Trends und virale Inhalte, um aufkommende Themen oder Stimmungsumschwünge zu erkennen.
- **Online-Nachrichten und Blogs:** News-Websites, Foren, Blogs und Bewertungsportale (z. B. Glassdoor für Arbeitgeberbewertungen) geben Einblick in mediale Resonanz und öffentliche Diskurse. Durch Web-Scraping und Media-Monitoring lassen sich diese Inhalte kontinuierlich auswerten.
- **Interne Kommunikation & Umfragen:** Mitarbeiterbefragungen, Intranet-Foren, interne Social Networks (z. B. Yammer) und Stimmungsbarometer im

Unternehmen sind wertvolle Datenquellen, um die Mitarbeiterstimmung vorherzusagen und Change Communication anzupassen.
- **Kundenfeedback:** Beschwerden in Service-Hotlines, E-Mails an den Kundendienst, Chatbot-Logs, Produktbewertungen auf E-Commerce-Seiten – all dies sind Kommunikationsdaten, die Hinweise auf mögliche Issues geben. Prädiktive Modelle können daraus z. B. ableiten, ob sich ein kleineres Problem zu einem größeren Shitstorm entwickeln könnte.
- **Weitere Datenquellen:** Finanzmarkt-Daten, Google-Suchtrends, Wettbewerber-Kommunikation, Regulierungsänderungen etc. – je nach Branche und Kommunikationsziel können sehr unterschiedliche Daten relevant sein. Der Clou ist oft, Daten aus verschiedenen Silos zu verknüpfen, um ganzheitliche Vorhersagen zu ermöglichen. Beispielsweise könnte die Korrelation zwischen Social-Media-Stimmung und Verkaufszahlen neue Erkenntnisse zur Wirkungsweise von Kommunikation liefern.

Diese Daten sind typischerweise groß, schnelllebig, unstrukturiert und heterogen – klassische Big-Data-Eigenschaften. Für PCI braucht es daher Mechanismen, um solche Daten in großer Menge (Volume), hoher Geschwindigkeit (Velocity) und unterschiedlicher Form (Variety) zu sammeln und aufzubereiten.

Moderne Cloud-Plattformen und Datenbanken (etwa Data Lakes) stellen sicher, dass die Daten kontinuierlich zufließen und gespeichert werden können. Zudem sind robuste Datenqualitäts- und Bereinigungsprozesse nötig, denn prädiktive Modelle sind nur so gut wie die Daten, mit denen sie gefüttert werden. Insbesondere bei Textdaten aus Posts oder Artikeln kommt der Natural Language Processing (NLP)-gestützten Vorverarbeitung eine große Rolle zu (z. B. Entfernen von Spam, Erkennen von Sprache, Normalisierung von Hashtags oder Emojis).

4.2 Künstliche Intelligenz und Machine Learning als Motor

Das Herzstück von PCI sind die selbstlernenden und sich selbst optimierenden Analytik-Algorithmen, vor allem im Bereich Machine Learning (ML) und der multiplen Künstlichen Intelligenz (mKI). Sie übernehmen die Aufgabe, in den Daten nach Mustern zu suchen und Prognosemodelle zu erstellen. Wichtige Technologien und Methoden sind:

4.2 Künstliche Intelligenz und Machine Learning als Motor

- **Statistische Prognosemodelle:** Lineare Regression, Zeitreihenanalyse oder logistisches Wachstum kommen zum Einsatz, um Trends in Kommunikationskennzahlen (z. B. Follower-Wachstum, Engagement-Rates) fortzuschreiben. Diese klassischen Modelle liefern oft erste grobe Vorhersagen.
- **Überwachtes Machine Learning:** Hier werden Algorithmen mit historischen Beispielen trainiert, um eine spezifische Aufgabe zu lernen. Anwendungsfälle:
  - **Krisenerkennung:** Ein Klassifikationsalgorithmus (z. B. Random Forest oder Support Vector Machine) wird darauf trainiert, Textnachrichten oder Social-Media-Posts als „neutral", „potenziell kritisch" oder „krisenhaft" zu kategorisieren. Als Trainingsdaten dienen vergangene Fälle. So ein Modell kann dann neue eingehende Social-Media-Posts in Echtzeit einstufen und Alarm schlagen, wenn eine Häufung kritischer Äußerungen auftritt.
  - **Themen- und Sentimentanalyse:** NLP-Algorithmen wie Sentiment-Classifier analysieren die Stimmung (positiv/negativ) in Erwähnungen der Firma oder bewerten automatisch, welche Themen in einem Text behandelt werden (Topic Modeling). Damit lässt sich z. B. vorhersagen, welche Emotionen eine Pressemitteilung auslösen könnte oder welches Thema morgen im Trend liegen wird.
  - **Erfolgsprognose von Botschaften:** ML-Modelle können lernen, welche Eigenschaften von Content (Worte, Länge, Sendezeitpunkt, visuelle Elemente) mit hoher Wahrscheinlichkeit zu starker Resonanz führen. Etwa könnte ein Modell prognostizieren, dass ein Tweet zum Thema X mit Bild und emotionaler Ansprache voraussichtlich 3-mal mehr geteilt wird als ein neutral formulierter Beitrag – diese Erkenntnis fließt dann in die Planung ein.
- **Unüberwachtes ML und Mustererkennung:** Methoden wie Clustering (z. B. k-Means) helfen, unbekannte Muster in Daten zu entdecken, ohne dass vordefinierte Kategorien vorgegeben sind. In der Kommunikation kann das bedeuten: Stakeholder-Gruppen anhand ihres Online-Verhaltens zu segmentieren (nicht nur nach Demografie, sondern nach ähnlichen Interessen oder Kommunikationsstilen), oder Themencluster zu identifizieren, die in vielen Quellen gleichzeitig auftauchen.
- **Deep Learning und neuronale Netze:** Neuere Studien zeigen, dass Deep-Learning-Modelle (z. B. Transformer-basierte Modelle wie BERT oder GPT) enorme Leistungsfähigkeit haben, unstrukturierte Textdaten inhalts- und kontextsensitiv zu analysieren. So konnten Buhmann et al. (2021) zeigen, dass Deep Learning auf Social-Media-, News- und Berichtsdaten Muster erkennt, die auf Reputationsrisiken hindeuten. Neuronale Netze können komplexe

Sprachstrukturen verstehen, Ironie erkennen und sogar eigenständig neue Textvorschläge generieren. Für PCI bedeutet das: tiefergehende Erkenntnisse aus der Tonalität und Wortwahl von Beiträgen, automatisierte Erstellung von Kommunikationsinhalten (z. B. erste Entwürfe von Q&As in einer Krise durch KI), oder die Simulation von Dialogen mit Stakeholdern per Chatbot.

- **Echtzeit-Analytik:** Viele der genannten Verfahren laufen dank moderner Hard- und Software in (nahezu) Echtzeit ab. Ströme von Social-Media-Daten können mit Streaming-Analytics sofort analysiert werden; Alerts werden sekundenschnell generiert. Technologisch stützt man sich hier auf In-Memory-Datenverarbeitung und skalierbare Cloud-Architekturen, die auch bei Lastspitzen (z. B. in einer sich anbahnenden Krise mit plötzlich tausenden Erwähnungen) performant bleiben.

All diese Konzepte und Technologien ermöglichen es, kommunikative „Was-wäre-wenn"-Szenarien durchzuspielen. Unternehmen können beispielsweise mit Simulationen testen: "Wie würde sich das Stimmungsbild verändern, wenn wir heute diese Botschaft veröffentlichen?" – der Algorithmus nutzt historische Reaktionen auf ähnliche Botschaften, um eine Prognose abzugeben. So werden Kommunikator*innen gewissermaßen zu „Narrative Futurists", die mit Hilfe von Daten die Zukunft der Storylines ihrer Organisation entwerfen.

Wichtig ist jedoch, dass diese Prognosen immer mit Unsicherheiten behaftet sind – sie geben Wahrscheinlichkeiten an, keine Gewissheiten. Daher bleibt die menschliche Urteilsfähigkeit essenziell, um Ergebnisse zu interpretieren und verantwortungsvolle Entscheidungen zu treffen.

4.3 Tools und Systeme für PCI

Predictive Communication Intelligence (PCI) ist kein erweitertes Reporting-Tool. Es geht nicht darum, Visualisierungen schöner zu machen oder neue Dashboards zu bauen. Vielmehr verschiebt PCI den Fokus: **weg von der Darstellung vergangener Daten – hin zur automatisierten Generierung zukünftiger Handlungsmöglichkeiten.**

Denn echte Kommunikationsintelligenz entsteht nicht im Diagramm, sondern in der **kontextsensitiven Übersetzung von Erkenntnissen in handlungsfähige Entscheidungen.** Das bedeutet: PCI-Systeme brauchen keine weiteren Dashboards, sondern intelligente Assistenzsysteme, die mitdenken, warnen, vorschlagen – und agieren.

4.3 Tools und Systeme für PCI

Dennoch sind spezifische Tools und technische Komponenten nötig, um PCI in der Praxis zu verankern. Doch sie unterscheiden sich deutlich von klassischen BI- oder Monitoring-Lösungen (Abb. 4.1):

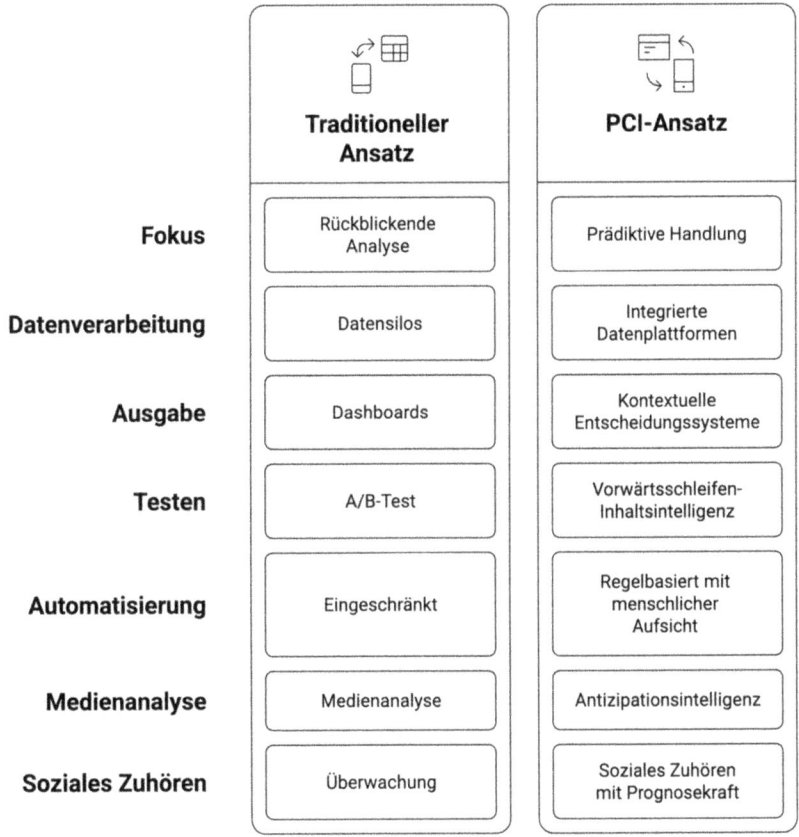

Abb. 4.1 Unterschied traditioneller Ansatz und PCI. (Eigene Darstellung)

- **Früherkennung statt Nachbereitung: Social Listening & Monitoring mit Prognosekraft**
  Tools wie Talkwalker, Brandwatch oder Meltwater werden durch KI und PI wie zum Beispiel von predictores.ai erweitert: Sie erkennen nicht nur, *was gerade passiert*, sondern extrapolieren auf *was passieren könnte*. Statt nur Sentimentkurven zu zeigen, liefern sie Frühindikatoren und automatische Alerts – etwa bei abrupten Erwähnungsanstiegen oder toxischen Themenclustern.
- **Antizipationsintelligenz statt Medienanalyse: Media Prediction Engines**
  Klassische Medien-Dashboards reichen nicht mehr aus. PCI benötigt Systeme, die auf Basis semantischer Analysen erkennen, *welche Akteure (z. B. Journalist:innen oder Influencer) sich bald mit einem Thema beschäftigen könnten*. Das erlaubt präemptive Medienarbeit – nicht rückblickende.
- **Handlungsempfehlung statt A/B-Testing: Content-Intelligenz mit Vorwärtsschleife**
  Tools, die historische Kommunikationsperformance mit prädiktiven Modellen kombinieren, geben nicht nur Empfehlungen für Betreffzeilen oder Post-Zeitpunkte – sie testen Szenarien, berechnen Reichweitenvarianten und passen Inhalte dynamisch an, noch *bevor* ein Posting live geht.
- **Datenintelligenzplattformen statt Datensilos**
  PCI erfordert integrierte Datenräume, in denen interne wie externe Signale verarbeitet werden – etwa durch CommTech-Plattformen oder spezialisierte KI/PI-Stacks. Wichtig: Diese Systeme dürfen keine reinen Analysehubs sein, sondern müssen **operative Handlungsvorschläge (Next Best Actions)** in konkreten Kommunikationskontexten liefern.
- **Kontextuelle Entscheidungssysteme statt Dashboards**
  Visualisierungen allein reichen nicht – PCI braucht **situative Entscheidungsmodule**. Diese Systeme simulieren Szenarien, geben Warnungen aus, spielen „Was-wäre-wenn"-Situationen durch und schlagen automatisch priorisierte Reaktionen vor – basierend auf Relevanz, Risiko, Resonanz.
- **Regelbasierte Automatisierung mit menschlichem Kontrollpunkt**
  PCI kann in ausgewählten Fällen automatisiert kommunizieren – etwa bei Servicewarnungen oder FAQs. Wichtig ist: Automatisierung muss kontrolliert, regelbasiert und transparent bleiben. PCI ersetzt nicht den Menschen – es erweitert seine Urteilskraft.

Eine zukunftsfähige PCI-Architektur besteht nicht aus passiven Dashboards, sondern aus einem dynamischen System, das **aus Daten intelligente Kommunikation macht**. Dabei greifen drei Ebenen ineinander: ein semantisch angereicherter Datenstrom, lernfähige KI-Modelle und **kontextbewusste Handlungs-**

4.3 Tools und Systeme für PCI

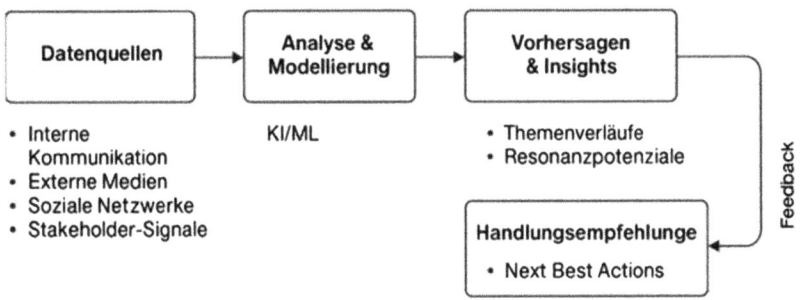

Abb. 4.2 Schematische Darstellung des PCI-Prozesses. (Eigene Darstellung)

empfehlungen, die in der Kommunikationspraxis direkt nutzbar sind. Abb. 4.2 zeigt schematisch, wie diese Bausteine zusammenwirken:

- Daten aus unterschiedlichsten Quellen (interne Kommunikation, externe Medien, soziale Netzwerke, Stakeholder-Signale) fließen in eine Analyse- und Modellierungsschicht. Dort generieren KI und maschinelles Lernen **Vorhersagen über Themenverläufe, Resonanzpotenziale und Reaktionsrisiken.**
- Diese Insights werden jedoch **nicht in Dashboards präsentiert,** sondern direkt in **Next Best Actions** übersetzt – z. B. als Vorschlag, eine bestimmte Zielgruppe mit einer vorausschauenden Botschaft zu adressieren oder einen Influencer gezielt in einen Diskurs einzubinden.
- Entscheidend ist die **Feedbackschleife:** Ergebnisse realer Kommunikationsmaßnahmen – etwa Interaktionen, Stimmungsänderungen oder Medienresonanz – werden zurück in das System gespeist. Das Modell lernt kontinuierlich dazu und verfeinert seine Prognosen.

Im Unterschied zu klassischen BI-Systemen ist das Ziel hier nicht die Visualisierung, sondern die Aktivierung. PCI-Systeme sind daher keine Reporting-Plattformen, sondern **entscheidungsfähige Assistenten,** die Kommunikation in Echtzeit navigieren und prädizieren.

Diese technische und methodische Basis ist Voraussetzung für die in den folgenden Kapiteln dargestellten Anwendungsfälle – vom Issue-Scouting über Reputationsschutz bis hin zur präemptiven Stakeholder-Kommunikation und dem CEO Positioning.

Anwendungsszenarien in der Unternehmenskommunikation 5

Predictive Communication Intelligence lässt sich über die gesamte Bandbreite der Unternehmenskommunikation hinweg einsetzen. In diesem Kapitel betrachten wir zentrale Anwendungsfelder und zeigen, welchen praktischen Mehrwert PCI jeweils bietet. Dabei vermeiden wir konkrete Unternehmensbeispiele, fokussieren aber auf typische Szenarien, die Kommunikationsverantwortliche in verschiedenen Branchen betreffen.

5.1 Anwendung 1: Präzise Stakeholder-Kommunikation in der Transformation

- **Kontext:** Ein Industriekonzern befindet sich in einem umfassenden Reorganisationsprozess mit hoher interner Unsicherheit.
- **Lösung durch PCI:** Die Kommunikation nutzt PCI, um herauszufinden, welche Argumente in welchen Abteilungen, Regionen und Altersgruppen am besten wirken – und wann diese verbreitet werden sollten.
- **Ergebnis:** Die Beteiligungsrate bei internen Dialogformaten steigt um 42 %, das Vertrauen in das Management nimmt nachweislich zu. Missverständnisse werden minimiert – proaktive Anpassung ersetzt reaktives Krisenmanagement.

5.2 Anwendung 2: Frühzeitiger Themenbesetzer durch Trendprognose

- **Kontext:** Ein IT-Dienstleister möchte sich als Thought Leader im Bereich „Quantum Computing" positionieren, bevor der Trend in der Breite ankommt.

- **Lösung durch PCI:** Das System analysiert wissenschaftliche Publikationen, Blogartikel, Start-up-Investments und Medienberichte, um Muster und virale Potenziale zu identifizieren.
- **Ergebnis:** Das Unternehmen startet eine Content-Offensive zwei Monate vor der medialen Welle – und erzielt organisch dreifach höhere Sichtbarkeit als Mitbewerber. Medien greifen das Unternehmen als Quelle auf.

5.3 Anwendung 3: Prävention statt Shitstorm

- **Kontext:** Ein international tätiger Energiekonzern steht unter Beobachtung von Umwelt-NGOs.
- **Lösung durch PCI:** Das System erkennt eine zunehmende Häufung kritischer Erwähnungen rund um ein Projekt in Lateinamerika – noch bevor klassische Monitoring-Tools anschlagen.
- **Ergebnis:** Die Unternehmenskommunikation reagiert mit lokalen Dialogangeboten, Transparenz-Reports und gezielten Statements. Der Konflikt eskaliert nicht, die Berichterstattung bleibt neutral bis sachlich.

5.4 Anwendung 4: Reputationsrisiken systematisch steuern

- **Kontext:** Ein börsennotiertes Unternehmen will seine ESG-Positionierung schärfen und potenzielle Reputationsrisiken aktiv managen.
- **Lösung durch PCI:** Das System identifiziert, welche ESG-Themen (z. B. Lieferketten, Diversität, Wasserverbrauch) in Medien und NGOs besonders relevant werden – und simuliert die potenzielle Auswirkung auf die eigene Wahrnehmung.
- **Ergebnis:** Durch eine gezielte Kampagne wird die eigene ESG-Kommunikation auf die relevanten Reputationshebel fokussiert. Die Unternehmensreputation im DAX-Reputation-Index verbessert sich um zwei Plätze binnen sechs Monaten.

5.5 Anwendung 5: Kommunikation wird zum Business-Impact-Faktor

- **Kontext:** Eine Bank möchte die Wirkung ihrer Imagekampagne auf die Online-Kontoeröffnungen messen und optimieren.

5.5 Anwendung 5: Kommunikation wird zum Business-Impact-Faktor

- **Lösung durch PCI:** Vor Kampagnenstart simuliert das System verschiedene Botschaften und Kanäle hinsichtlich ihrer erwarteten Lead-Wirkung. Nach dem Roll-out wird in Echtzeit analysiert, welche Kanäle performen und welche nicht.
- **Ergebnis:** Durch gezieltes Nachjustieren in Woche 2 und 3 steigt die Conversion-Rate um 23 %. Die Marketingabteilung kann der Geschäftsleitung erstmals einen belastbaren ROI der Kommunikationsmaßnahmen präsentieren.

Die obigen Felder sind nicht abschließend; PCI ist flexibel und kann überall dort ansetzen, wo ausreichende Daten vorhanden sind und wo Unsicherheit über die Zukunft besteht. Weitere denkbare Anwendungen umfassen zum Beispiel **Issues Management** (Vorwegnahme regulatorischer oder gesellschaftlicher Debatten, um **Lobbying** (Forthmann et al., 2025) und Public Affairs proaktiv auszurichten) oder Kampagnen-Feinsteuerung (während einer laufenden Kampagne fortlaufend die Resonanz messen und die nächsten Kampagnenschritte adaptiv planen).

Wichtig zu betonen: PCI ersetzt nicht die strategische Planung oder die kreative Botschaftsentwicklung – aber es bereichert sie um eine evidenzbasierte Dimension. So können Kommunikator*innen ihre Erfahrung und Intuition gezielter einsetzen, dort wo die Daten Unsicherheiten lassen oder ethische Abwägungen verlangen, während Routinevorhersagen und -analysen automatisiert erfolgen.

Ein Beispiel aus der Praxis (ohne Firmennennung): Ein Kommunikationsleiter berichtet, dass sein Team durch prädiktive Analyse bemerkte, dass ein kleiner Blogger in kurzer Zeit ungewöhnlich viel Aufmerksamkeit mit Kritik an einem ihrer Produkte bekam. Die Analyse prognostizierte, dass dieses Thema mit hoher Wahrscheinlichkeit von größeren Medien aufgegriffen würde. Man entschied sich daraufhin, noch vor Eintreten dieser Prognose aktiv zu werden – lud den Blogger zu einem Hintergrundgespräch ein und adressierte die Kritikpunkte öffentlich in den eigenen Kanälen. In der Folge verpuffte das drohende Medienecho.

Lessons Learned: Dank PCI erkannte das Team den „Wetterwechsel" in der Meinungslandschaft früh und konnte den Sturm abwenden, bevor er aufzog. Solche vorausschauenden Eingriffe werden mit zunehmender Reife von PCI-Systemen zum neuen Standardrepertoire gehören.

6 Implementierung von PCI in der Kommunikationsabteilung

Die Einführung von Predictive Communication Intelligence ist kein rein technisches Projekt, sondern eine strategische Transformation für die Kommunikationsabteilung. In diesem Kapitel skizzieren wir, wie Kommunikationsverantwortliche schrittweise vorgehen können, um PCI in ihrer Organisation zu verankern. Dabei lehnen wir uns an Erfahrungsberichte und empfohlene Frameworks aus der Literatur an.

6.1 Vom Tool zum Mindset: PCI als Kulturwandel

Bevor wir in konkrete Schritte einsteigen, ist ein zentraler Punkt hervorzuheben: PCI erfolgreich einzuführen, bedeutet Denkweisen, Prozesse und die Haltung im Kommunikationsteam weiterzuentwickeln. Es geht nicht darum, einfach ein neues Tool anzuschaffen, sondern darum, die Arbeitsweise von reaktiv-projektbasiert hin zu proaktiv-kontinuierlich zu verändern. Kommunikation muss sich als lernendes System verstehen, das permanent aus Daten Feedback zieht und seine Strategien darauf aufbaut. Dieser Kulturwandel sollte von der Führung aktiv unterstützt werden. Kommunikationsleiter*innen müssen die Vision vermitteln, warum Daten und KI künftig integraler Bestandteil der Kommunikationsarbeit sind – nämlich um bessere Ergebnisse zu erzielen, die relevanter, zeitgerechter und messbarer sind.

In der Praxis hat es sich bewährt, PCI als Change-Prozess aufzusetzen. Gabler et al. (2025) betonen in deren Fallstudie aus dem universitären Bereich etwa, dass ihr Institut PCI nicht als isoliertes Technologieprojekt, sondern als kulturelle und strategische Transformation angegangen ist. Es gilt, mögliche Vorbehalte im Team (z. B. Angst vor der „Entmenschlichung" der Kommunikation oder vor Kontrollverlust an Algorithmen) offen anzusprechen. Ein begleitendes Change-Management mit Workshops, Erfolgsstorys und Quick Wins hilft, Akzeptanz zu schaffen. Die Mitarbeitenden sollten früh in Pilotprojekte eingebunden werden, damit sie sehen, wie PCI ihre Arbeit erleichtern und verbessern kann.

6.2 Vier Schritte zur Einführung von PCI

Auf Grundlage von Expertenempfehlungen und Erfahrungen lassen sich vier zentrale Schritte definieren, um PCI in einer Kommunikationsabteilung zu implementieren (Abb. 6.1):

1. **Schritt 1: Bewusstsein schaffen (Awareness)**
Zunächst muss ein gemeinsames Verständnis erzeugt werden, was Predictive Communication Intelligence bedeutet und welchen Nutzen sie stiften kann. Dies erfolgt idealerweise durch interne Kick-off-Veranstaltungen, Trainings und Diskussionen. Die Kommunikationsleitung sollte erläutern: Welche Entscheidungen treffen wir heute auf Bauchgefühl, die wir künftig mit Daten stützen können? Welche Probleme der Vergangenheit (verpasste Trends, überraschende Krisen) ließen sich mit PCI ggf. vermeiden? Oft hilft es, externe Expertise hinzuzuziehen oder Best Practices aus anderen Unternehmen zu präsentieren (auch wenn hier keine konkreten Fälle genannt werden, können anonymisierte Beispiele dienen). Das Ziel dieses Schritts ist es, Neugier und Offenheit im Team zu wecken und mögliche Ängste abzubauen. Alle Beteiligten – vom PR-Manager bis zur Social-Media-Redakteurin – sollten verstehen, dass PCI ihnen nützt, indem es Routineanalysen übernimmt und sie in ihrer strategischen Rolle stärkt.
2. **Schritt 2: Datenstrategie und -infrastruktur aufbauen**
Bevor man Vorhersagemodelle nutzen kann, muss die Grundlage stimmen: Welche Daten brauchen wir, und haben wir Zugriff darauf? In diesem Schritt erstellt man eine Dateninventur: Welche internen Daten (z. B. vergangene Pressemitteilungen, Einladungslisten, interne Umfrageergebnisse, CRM-Daten) liegen vor? Welche externen Daten (Medienresonanz, Social-Media-Daten, Branchenreports) sind relevant und wie können wir sie beschaffen (APIs, Datenprovider, Social Listening Dienste)? Häufig wird man feststellen, dass Daten bisher in Silos verstreut sind – daher steht die Aufgabe an, eine integrierte Datenplattform für die Kommunikation aufzubauen. Das kann in Zusammenarbeit mit der IT oder Data-Analytics-Abteilung geschehen. Parallel ist zu klären: Welche Tools kommen zum Einsatz? Oft startet man mit einem Pilot-Tool (z. B. einem erweiterten Media-Monitoring-Tool mit prädiktiver

6.2 Vier Schritte zur Einführung von PCI

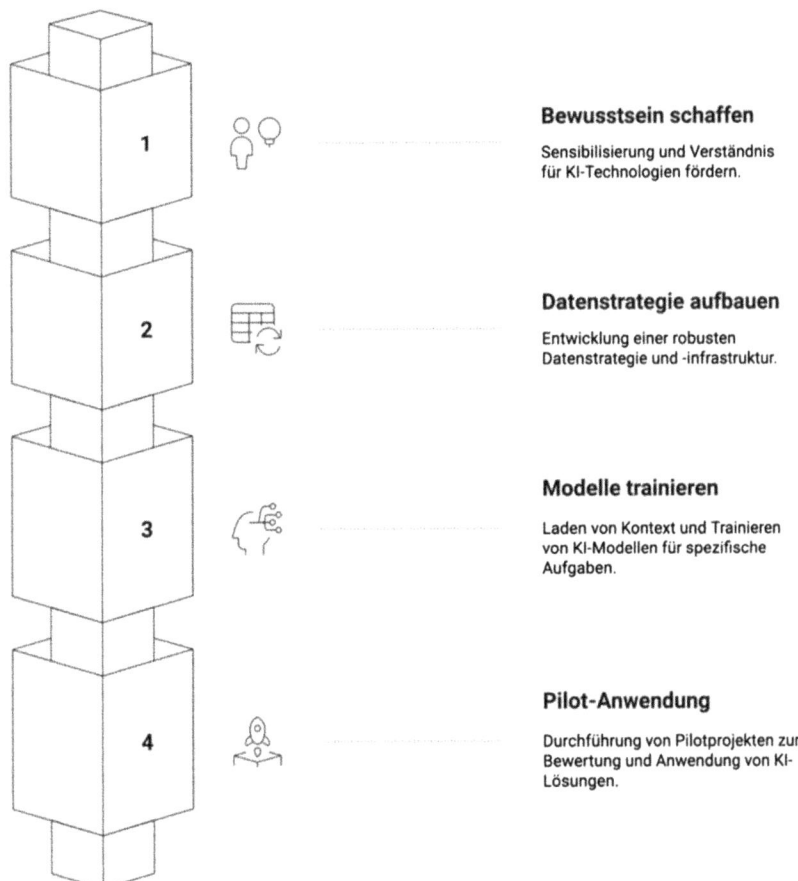

Abb. 6.1 Vier Schritte zur PCI-Implementierung. (Eigene Darstellung)

Komponente) und baut dann aus. Wichtig ist auch, Daten-Governance zu berücksichtigen – wer darf worauf zugreifen, wie stellen wir Datenschutz sicher (gerade bei Mitarbeitern- und Kundendaten im Kommunikationskontext)? Dieser Schritt legt den technischen und organisatorischen Grundstein dafür, dass das Team überhaupt mit PCI arbeiten kann.

3. **Schritt 3: Kontext laden – Modelle trainieren**
Sind die Datenquellen zugänglich und Tools ausgewählt, geht es an die Einrichtung der prädiktiven Modelle. Gabler et al. (2025) beschreiben dies als

„internen und externen Kontext in die PCI hochladen und eingeben". Dahinter steckt: Die KI-Systeme müssen mit relevanten Informationen gefüttert und auf die spezifische Organisation angepasst werden. Beispielsweise sollte ein Sentiment-Analysetool mit Beispieldaten aus der eigenen Branche oder Region trainiert werden, damit es branchenspezifische Sprache versteht (z. B. Ironie, Fachjargon). Ebenso werden Schwellenwerte und KPI-Definitionen festgelegt: Was gilt als „Krise" (z. B. X negative Artikel pro Stunde)? Was als „Trend" (z. B. bestimmtes Wachstum an Erwähnungen)? Diese Parameter definieren den Kontext, in dem PCI arbeitet. In vielen Fällen wird man in dieser Phase mit einem Dienstleister oder Data-Scientist-Team kooperieren, um die passenden Modelle zu entwickeln und zu justieren. Wichtig ist, iterative Vorgehensweise: Modell trainieren, testen, Feedback einarbeiten. Unter Umständen startet man mit einem Teilbereich (z. B. nur Social Media Krisenfrüherkennung), um dort Erfahrung zu sammeln, bevor man weitere Felder ausrollt.

4. **Schritt 4: Pilot – Prompten, Evaluieren, Anwenden**
Nun geht es an die praktische Nutzung der PCI-Systeme im Alltag der Kommunikationsarbeit. In einer Pilotphase sollten konkrete Anwendungsfälle definiert werden: z. B. „Tägliches Predictive Trend Briefing" oder „Wöchentlicher KPI-Forecast für Kampagne X". Das Team nutzt die Tools, stellt Fragen (prompts) an die KI oder interpretiert die automatisch generierten Alerts und Prognosen. Hier zeigt sich, wie gut die Modelle wirklich funktionieren und wo Feinjustierungen nötig sind. Entscheidend ist das Evaluieren: Man vergleicht die Vorhersagen mit der eingetretenen Realität. Hat das System den richtigen Riecher gehabt? Wo gab es Fehlalarme oder blinde Flecken? Dieses Feedback fließt wieder ins Modelltuning ein. Nach und nach integriert man die prädiktiven Insights in die regulären Prozesse. Beispielsweise könnte der Redaktionsplan nun jeden Freitag mittels PCI-Input aktualisiert werden („Welche Themen nächste Woche aufgreifen?" basiert teils auf Datenempfehlung). Oder im Issue-Management-Meeting wird als fester Agendapunkt der Risk Forecast aus dem PCI-System besprochen. Das Ziel dieses Schritts ist die Operationalisierung: PCI soll vom Pilot zum festen Bestandteil der Kommunikationsplanung und -steuerung werden.

Diese vier Schritte bilden einen iterativen Kreislauf. Selbst nach erfolgreicher Einführung hört der Prozess nicht auf: Es folgen Skalierung und kontinuierliche Verbesserung. Neue Datenquellen kommen hinzu, Modelle werden weitertrainiert, das Team wird zunehmend geübter im Umgang mit den Tools und findet neue kreative Einsatzmöglichkeiten.

6.3 Veränderung der Team-Rollen und Fähigkeiten

Eine häufige Frage bei der Einführung von PCI: Brauchen wir nun Data Scientists im Kommunikationsteam? Oder müssen wir alle Kommunikator*innen zu Programmierern fortbilden? Welche neuen Kompetenzen sind erforderlich? Die Antwort liegt in der Mitte: Es ist nicht nötig, dass jeder PR-Referent komplexe ML-Algorithmen selbst entwickelt – aber ein gewisses Maß an Daten- und KI-Kompetenz sollte im Team aufgebaut werden. Dies kann auf zwei Wegen geschehen:

- **Upskilling des vorhandenen Teams:** Schulungen in Datenanalyse-Grundlagen, Interpretation von KI-Ergebnissen, Verständnis von statistischen Konzepten. Ziel ist, dass Mitarbeiter*innen die Ausgaben der PCI-Tools verstehen und kritisch einordnen können. Begriffe wie Korrelation vs. Kausalität, Ausreißer, Konfidenzniveau etc. sollten keine Fremdwörter mehr sein. Einige Teammitglieder könnten sich zu „Communication Analysts" entwickeln, die eine Brücke zwischen Kommunikation und Daten schlagen.
- **Neue Rollen/Experten einbinden:** Große Organisationen stellen mitunter spezialisierte Rollen ein, z. B. Communication Data Scientist oder Media Analyst. Alternativ kann diese Funktion durch enge Zusammenarbeit mit einer zentralen Analytics-Einheit erfüllt werden. Wichtig ist, dass es mindestens eine verantwortliche Person gibt, die die technischen Aspekte von PCI überblickt und weiterentwickelt. Gleichzeitig entstehen neue Rollenprofile für Kommunikator*innen selbst – Page Society prognostiziert z. B. Funktionen wie „Narrative Designer" oder „Predictive Strategist", die genau diese Verbindung von Kommunikationsstrategie und KI-Kompetenz verkörpern. Solche Rollen werden bis 2030 zum Alltag gehören, und die Aufbauarbeit dafür beginnt jetzt.

Seebacher (2024, S. 235 ff.) hat im Rahmen der Forschung zur Neugestaltung der Unternehmenskommunikation das bisher umfassendste Kompetenzmodell mit ausformulierten Verhaltensankern zur direkten Anwendung in den Diskurs bisher eingebracht. Er beschreibt dabei die notwendigen **Humanressourcen und Kompetenzfelder,** die Unternehmen benötigen, um **Reengineering Corporate Communication (RCC)** und **Predictive Communication Intelligence** nachhaltig umzusetzen. Die Erkenntnisse zeigen auf, dass Kommunikationsteams zukünftig nicht nur inhaltlich, sondern auch technologisch-strukturell neu aufgestellt werden müssen.

Die RCC-Transformation bedeutet nämlich für Seebacher mehr als nur technologische Innovation – sie erfordert eine **völlige Neuausrichtung der Kompetenzen,** Rollen und organisationalen Wissensarchitekturen. Unternehmenskommunikation wird datenbasiert, vorausschauend und systemisch. Damit steigen die Anforderungen an die Mitarbeitenden deutlich, woraus Seebacher fünf zentrale Kompetenzfelder ableitet (Abb. 6.2):

- **Datenkompetenz:** Fähigkeit, Kommunikationsdaten strukturiert zu analysieren und zu interpretieren.
- **Technologieverständnis:** Grundkenntnisse über KI, Tools, Algorithmen und deren Wirkmechanismen.
- **Methodenwissen:** Nutzung strukturwissenschaftlicher Methoden (z. B. Reifegradmodelle, KPI-Systeme) zur Steuerung.
- **Zusammenarbeitskompetenz:** Fähigkeit zur bereichsübergreifenden Kooperation – besonders mit IT und HR.
- **Antizipationsfähigkeit:** Fähigkeit, Entwicklungen und Stakeholder-Bedürfnisse vorauszusehen und entsprechend zu kommunizieren.

Abb. 6.2 Zentrale Kompetenzfelder für PCI nach Seebacher (2024)

6.3 Veränderung der Team-Rollen und Fähigkeiten

Durch die beschriebenen Kompetenzfelder ergeben sich zudem neue Rollenprofile wie z. B.:

- **Key User für Predictive Communication**
- **Communication Analysts**
- **Strategic Narrative Leads**

Diese neuen Rollen sind integraler Bestandteil der strategischen Weiterentwicklung der Kommunikationsabteilungen. Sie erfordern gezielte Personalentwicklungsmaßnahmen und ein klares Verständnis über die organisatorische Verankerung. Der Aufbau dieser Fähigkeiten kann nicht dem Zufall überlassen werden – er muss Teil einer strategisch geführten Personalentwicklung ebenso wie einer adaptierten universitären Ausbildung sein. Dazu gehört:

- Entwicklung spezifischer Curricula
- Aufbau von Key-User-Netzwerken
- Systematischer Wissenstransfer
- Cross-funktionale Lernprozesse

Nur Organisationen, die proaktiv und systematisch in diese Kompetenzentwicklung investieren, werden in der Lage sein, den Mehrwert von PCI und RCC dauerhaft zu realisieren. Predictive Communication Intelligence ist keine reine Toolfrage – sie ist eine Frage der organisationalen Befähigung. Seebacher liefert mit seinen Arbeiten zur Neugestaltung der Unternehmenskommunikation die konzeptionellen Grundlagen und praxisnahen Empfehlungen für den Aufbau dieser neuen Kompetenzlandschaft – und legt damit das Fundament für zukunftsfähige Kommunikation.

Ein Nebeneffekt dieser neuen Kompetenzen und Rollen als Teil der PCI-Einführung ist oft auch die Möglichkeit einer Neudefinition von KPIs und Erfolgskriterien im Team. Wie bereits in Kap. 3 angeschnitten, verschiebt sich der Fokus von **reinen Output-Kennzahlen** (Anzahl Pressemitteilungen, erreichte Impressionen) hin zu **Outcome-Orientierung** (Veränderung von Einstellungen, Verhaltensweisen, Beitrag zu Geschäftszielen).

Dies sollte sich auch in den Zielvorgaben und Leistungsindikatoren für das Team widerspiegeln. Beispielsweise könnte ein Teamziel lauten: „Reduktion der durchschnittlichen Reaktionszeit auf Issues um 50 % durch prädiktives Monitoring" oder „X% Steigerung der Kampagnen-Engagement-Rate durch datengestützte Inhaltspersonalisierung". Solche Ziele machen deutlich, dass PCI integriert ist in das, wofür die Kommunikationsfunktion steht – nämlich Wirkung zu erzielen.

6.4 Interne Zusammenarbeit und Governance

Die Einführung von PCI in der Kommunikationsabteilung erfolgt nicht im Alleingang im stillen Kämmerlein. Vielmehr sind verschiedene interne Stakeholder einzubeziehen:

- **IT-Abteilung:** Für technische Infrastruktur, Datenintegration, Tools-Auswahl benötigt man Unterstützung der IT. Gerade was Datensicherheit und ggf. Cloud-Lösungen angeht, müssen IT-Vorgaben berücksichtigt werden. Hier hilft es, frühzeitige Allianzen zu schmieden und klarzumachen, dass PCI ein strategisches Projekt ist, das Rückendeckung auf höchster Ebene hat.
- **Datenschutz/Rechtsabteilung:** Da PCI mit personenbezogenen Daten arbeiten kann (z. B. Aussagen von Kunden oder Mitarbeitern in Social Media), ist die Einhaltung von Datenschutzgesetzen (insb. DSGVO) kritisch. Die Rechtsabteilung sollte in die Auswahl und Konfiguration der Tools einbezogen werden, um sicherzustellen, dass z. B. keine unzulässigen Profile gebildet werden oder Daten anonymisiert werden, wo nötig. Auch die neuen Anforderungen durch den EU AI Act (ab 2025 schrittweise in Kraft tretend) müssen mitbedacht werden – dieser fordert z. B. Transparenz über KI-Einsatz und verbietet gewisse hochriskante KI-Anwendungen. Eine enge Abstimmung mit Legal & Compliance sorgt dafür, dass PCI im ethischen und rechtlichen Rahmen bleibt.
- **Fachabteilungen & Management:** Kommunikations-PCI kann auch für andere Bereiche des Unternehmens nützlich sein (z. B. Marketing für Kampagnen, HR für Employee Engagement Prognosen). Es lohnt sich, abteilungsübergreifend zu denken: Wo können Synergien entstehen, Daten geteilt oder Ergebnisse gemeinsam genutzt werden? Und selbstverständlich sollte die Geschäftsführung oder der Vorstand regelmäßig über Fortschritte des PCI-Projekts informiert werden – idealerweise mit Erfolgsbeispielen, um die Unterstützung zu sichern. Ein CCO, der dem Vorstand zeigen kann, dass ein drohender Reputationsverlust dank prädiktiver Maßnahme abgewendet wurde, wird dort auf offene Ohren für weitere Investments stoßen.

Schließlich ist ein Governance-Rahmen für PCI zu etablieren. Das heißt, klare Richtlinien: Wer darf Modelle anpassen? Wie werden Fehlalarme und *false negatives* gehandhabt? Wie stellen wir Transparenz über unsere Datenanalysen her, intern und extern? Ansgar Zerfass und Kollegen (2020) fanden in einer Studie, dass Organisationen in verschiedenen Ländern das Fehlen von Richtlinien als Herausforderung bei KI-Einführung in der Kommunikation ansehen.

6.4 Interne Zusammenarbeit und Governance

Empfehlenswert ist daher, eine Art Ethik-Kodex oder interne Policy für den Einsatz von KI in der Kommunikation zu verfassen. Darin könnten Punkte stehen wie: „KI-Erkenntnisse unterstützen Entscheidungen, ersetzen aber nicht das menschliche Urteil", „Keine automatisierten externen Veröffentlichungen ohne finale Freigabe durch einen Verantwortlichen", „Respektierung von Anonymität und Persönlichkeitsrechten bei Datenanalysen" etc. Solche Leitplanken geben dem Team Sicherheit und adressieren auch mögliche öffentliche Bedenken (Stichwort: Stakeholder könnten misstrauisch reagieren, wenn sie das Gefühl haben, von Algorithmen analysiert und gesteuert zu werden). Durch Transparenz und Selbstverpflichtung kann man hier Vertrauen schaffen.

Insgesamt ist die Implementierung von PCI ein mehrdimensionales Vorhaben. Technische, organisatorische und menschliche Faktoren spielen zusammen. Die vier Schritte bieten eine Roadmap, aber jedes Unternehmen wird seinen eigenen Rhythmus finden müssen – abhängig von der Reife der Kommunikation, der Datenlage und der Unternehmenskultur. Wichtig ist, anzufangen und iterativ zu lernen. Kleine, konkrete Erfolge (z. B. eine frühzeitig verhinderte Krise dank PCI) können als Katalysator dienen, um das Projekt weiter voranzutreiben und auch Skeptiker zu überzeugen.

Organisatorische Voraussetzungen und Change-Management

Die Integration von Predictive Communication Intelligence erfordert bestimmte Voraussetzungen auf organisatorischer Ebene. In diesem Kapitel beleuchten wir, welche Strukturen, Ressourcen und Kulturmerkmale hilfreich sind, um PCI nachhaltig im Unternehmen zu verankern. Außerdem gehen wir darauf ein, wie der Wandel proaktiv gemanagt werden kann.

7.1 Voraussetzungen im Unternehmen

Folgende Aspekte sind entscheidend, um effektiv und nachhaltig PCI etablieren aber auch davon und damit bestmöglich erfolgreich sein zu können (Abb. 7.1).

- **Management Buy-in:**
  Ohne Rückhalt des oberen Managements wird eine grundlegende Veränderung in der Kommunikationsarbeit schwer umzusetzen sein. Es erleichtert die Einführung erheblich, wenn ein Vorstand (z. B. der CEO oder der verantwortliche Vorstand für Kommunikation/Marketing) als Sponsor hinter dem Vorhaben steht und dessen Bedeutung unterstreicht. Idealerweise wird PCI Teil der offiziellen Kommunikationsstrategie des Unternehmens ab 2025+. Das schafft Priorität und Rechtfertigung für Ressourcenallokation. Führungskräfte interessieren sich besonders dafür, wie PCI zum Unternehmenserfolg beiträgt – hier sollte die Kommunikationsleitung früh die Business Value Argumentation aufzeigen (z. B. Vermeidung von Krisenkosten, Verbesserung von Kundenzufriedenheit, effizientere Kampagnen, datengestützte Entscheidungsfindung im Top-Management). Zahlen und Prognosen, so ironisch es klingt, helfen, um die Nützlichkeit der Prognosetechniken zu verkaufen.

7 Organisatorische Voraussetzungen und Change-Management

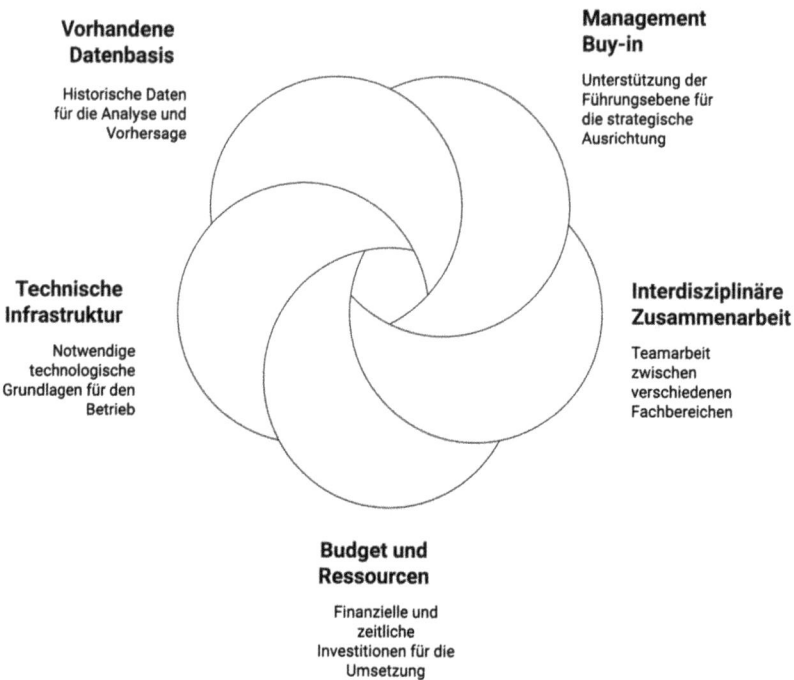

Abb. 7.1 Schlüsselelemente für eine erfolgreiche PCI-Implementierung. (Eigene Darstellung)

- **Interdisziplinäre Zusammenarbeit:**
  PCI liegt an der Schnittstelle von Kommunikation, Data Science und IT. Eine enge Zusammenarbeit dieser Disziplinen ist unumgänglich. Es hat sich bewährt, interdisziplinäre Projektteams zu bilden, z. B. bestehend aus Kommunikationsstrategen, Datenanalysten, einem IT-Architekten und ggf. externen KI-Experten. Diese sollten gemeinsam die Ziele definieren und eng iterieren (Agile-Methoden wie Scrum können hier passen, um in Sprints immer neue Funktionalitäten zu entwickeln und zu testen). Auch über Abteilungsgrenzen hinaus kann PCI einen Anstoß geben, Silos aufzubrechen – etwa, wenn Marketing und PR gemeinsame Analytics-Tools nutzen oder Insights austauschen.
- **Budget und Ressourcen:** Neue Technologien und Kompetenzaufbau erfordern Investitionen. Es muss einkalkuliert werden, dass anfangs Kosten für Softwarelizenzen, eventuell externe Beratungsleistungen und Trainings anfallen. Zudem

sollte zumindest teilweise dedizierte Zeit im Team dafür frei gemacht werden (z. B. ein Projektleiter PCI mit X% seiner Arbeitszeit für einige Monate). Erfahrungsgemäß amortisieren sich diese Investitionen jedoch, wenn PCI erst einmal einsatzfähig ist – sei es durch effizientere Arbeitsprozesse oder durch die Vermeidung von teuren Krisen und Fehlallokationen im Marketing. Dennoch: Das Budget muss vorab gesichert sein; ein holpriger Projektabbruch wegen fehlender Mittel wäre fatal fürs Momentum.
- **Technische Infrastruktur:**
In Kap. 4 angesprochen, sei nochmal betont: Eine gewisse technische Grundausstattung ist Voraussetzung. Dazu gehören leistungsfähige Rechner bzw. Cloud-Services für Datenverarbeitung, sichere Datenspeicher, Schnittstellen zu relevanten Plattformen (API-Zugänge etwa zu Social Media Data Providern) und ggf. Tools zur Zusammenarbeit. Auch VPN-Zugänge oder Mobile Solutions können Thema sein, damit auch außerhalb des Büros (z. B. im Krisenfall am Wochenende) auf das Monitoring zugegriffen werden kann. Die Infrastruktur sollte skalierbar sein, da Datenmengen und Analyseanforderungen wachsen werden.
- **Vorhandene Datenbasis:**
Nicht zuletzt ist es sehr hilfreich, wenn das Unternehmen bereits in der Vergangenheit Daten gesammelt hat – zum Beispiel ein Archiv aller veröffentlichten Pressetexte, Daten aus früheren Kampagnen (Reichweiten, Öffnungsraten etc.), Aufzeichnungen von vergangenen Krisen (Zeitverläufe der Kommunikation und der öffentlichen Reaktionen). Diese historischen Daten bilden das Lernmaterial für die Algorithmen. Zwar kann man auch mit externen Benchmark-Daten arbeiten, doch firmeneigene Daten erhöhen die Relevanz der Vorhersagen. Unternehmen, die bisher wenig gemessen haben, starten quasi auf einem weißen Blatt – hier ist die Prognosegüte anfangs vielleicht geringer, bis nach und nach eigene Erfahrungsdaten zusammenkommen. In solchen Fällen kann man überlegen, ob man branchenweite Daten zum Training hinzuzieht oder Partnerschaften eingeht, um Daten zu teilen (im Rahmen dessen, was rechtlich und kartellrechtlich zulässig ist).

7.2 Change-Management und Mitarbeiter-Einbindung

Jede Veränderung – gerade, wenn Technologie eingeführt wird, die gewisse Aufgaben automatisiert – kann bei Mitarbeiter*innen Unsicherheit auslösen. Ein durchdachtes Change-Management ist daher essenziell, um PCI erfolgreich einzuführen. Einige Empfehlungen hierzu (Abb. 7.2):

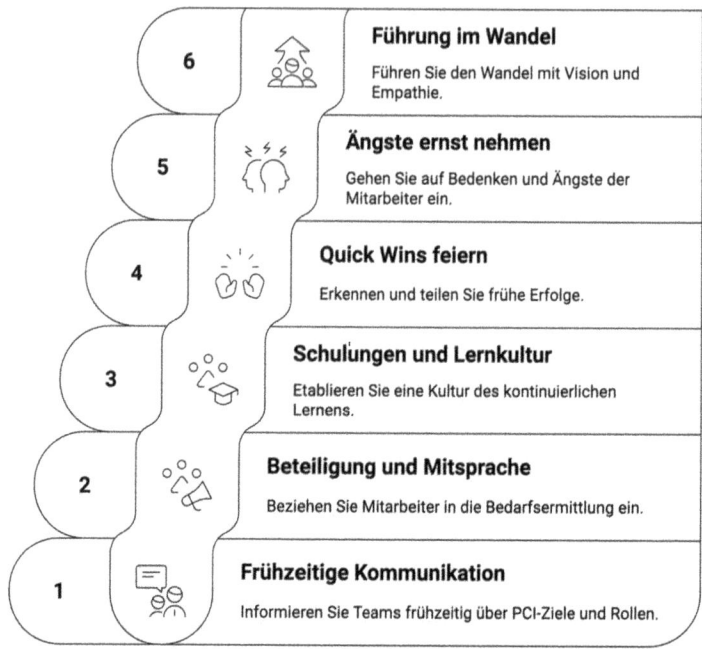

Abb. 7.2 Sechs Erfolgsfaktoren für erfolgreiche PCI-Implementierung. (Eigene Darstellung)

- **Frühzeitige Kommunikation:**
  Es klingt trivial, aber die Kommunikationsabteilung sollte bei eigenen Veränderungen ein Vorbild an Kommunikation sein. Die Belegschaft im Team (und gegebenenfalls in angrenzenden Teams) sollte früh informiert werden, dass ein PCI-Projekt geplant ist, was die Ziele sind und welche Rollen die Mitarbeiter spielen werden. Transparenz hilft, Gerüchten vorzubeugen (etwa dem irrigen Eindruck „die KI soll uns ersetzen").
- **Beteiligung und Mitsprache:**
  Wenn möglich, Mitarbeiter bei Bedarfserhebung einbinden: Welche repetitiven Aufgaben würdet ihr gern an ein Tool abgeben? Wo fehlen euch heute Infos, die ihr euch von Datenanalyse erhofft? Solche Fragen kann man in Workshops oder kurzen Surveys stellen. Wenn das Team das Gefühl hat, dass das neue System ihre Probleme löst und sie es mitgestalten können, steigt die Akzeptanz.

7.2 Change-Management und Mitarbeiter-Einbindung

- **Schulungen und Lernkultur:**
Die Einführung sollte von Trainings begleitet sein. Das können formale Schulungen zu den neuen Tools sein, aber auch allgemein Workshops zur Datenkompetenz. Mentoring-Modelle sind hilfreich – z. B. Data-Experten erklären in kleinen Sessions die Konzepte hinter den Modellen, oder man richtet intern eine Sprechstunde „Frag den Datenmensch" ein. Auch E-Learnings oder externe Zertifikatskurse (z. B. in Data Analytics für PR) können gefördert werden. Wichtig ist, eine Lernkultur zu etablieren, in der es in Ordnung ist, sich in unbekanntes Terrain zu begeben und Fehler zu machen. Gerade bei AI-Projekten gibt es immer ein Experiment-Element.

- **Quick Wins feiern:**
Insbesondere am Anfang des Change-Prozesses sollten bewusst kleine Erfolge sichtbar gemacht werden. Hat das prädiktive Monitoring einen nützlichen Insight geliefert? Wurde dank einer Vorhersage etwas verbessert? Diese Stories müssen geteilt werden – intern im Team und auch mal im ganzen Unternehmen. So spüren die Mitarbeiter den Sinn und bekommen Lust, weiterzumachen. Gamification-Elemente könnten auch motivieren, z. B. ein internes Dashboard, das zeigt, wie oft das Team erfolgreiche Prognosen gestellt hat, o. ä.

- **Ängste ernst nehmen:**
Gleichzeitig sollte man Raum bieten, Bedenken zu äußern. Manche Kommunikator*innen könnten Sorge haben, dass zu viel Datenfokussierung die Kreativität einschränkt oder dass sie eventuell nicht mit der Technik klarkommen. Hier hilft es, zu betonen, dass PCI ein Assistenzsystem ist, kein Ersatz. Die KI soll monotonen Datendschungel durchforsten, damit der Mensch mehr Zeit für Strategie und Kreativität hat. Ebenso kann Mentoring durch digital-affine Kollegen („Digital Natives") jene unterstützen, die weniger technikgewandt sind – etwa ein Patenschaftsprogramm „Kollege X erklärt Kollege Y jede Woche eine neue Analytics-Funktion".

- **Führung im Wandel:**
Die Rolle der Kommunikationsleitung im Change-Management kann gar nicht überschätzt werden. Sie muss als Change Leader agieren, der einerseits visionär vorangeht, andererseits empathisch die Mannschaft mitnimmt. Ein offener Führungsstil, der Feedback einholt und selbst Lernbereitschaft zeigt („Wir probieren das zusammen aus") schafft Vertrauen. Zudem sollte die Leitung Erfolge nach oben kommunizieren, um weiterhin Rückhalt zu haben, und nach außen – etwa indem sie auf Branchenkonferenzen vom PCI-Projekt berichtet – was wiederum intern stolz macht.

7.3 Mögliche Stolpersteine

Es ist realistisch anzuerkennen, dass nicht alles glatt laufen wird. Typische Stolpersteine bei PCI-Einführung umfassen (Abb. 7.3):

- **Datenqualität unzureichend:**
  Wenn initial die Daten lückenhaft oder fehlerhaft sind, könnten erste Modellversuche enttäuschende Ergebnisse liefern. Das Team darf dann nicht entmutigt sein, sondern die Lehren ziehen – vielleicht müssen erst systematischer Daten gesammelt werden (z. B. ein einheitliches Tagging von Themen in der PR-Datenbank), bevor komplexe Vorhersagen Sinn ergeben.
- **Überschätzte Erwartungen:**
  Manchmal versprechen Tool-Anbieter „Wundererkenntnisse auf Knopfdruck". Die Realität ist, dass prädiktive Modelle probabilistisch sind und auch falsch

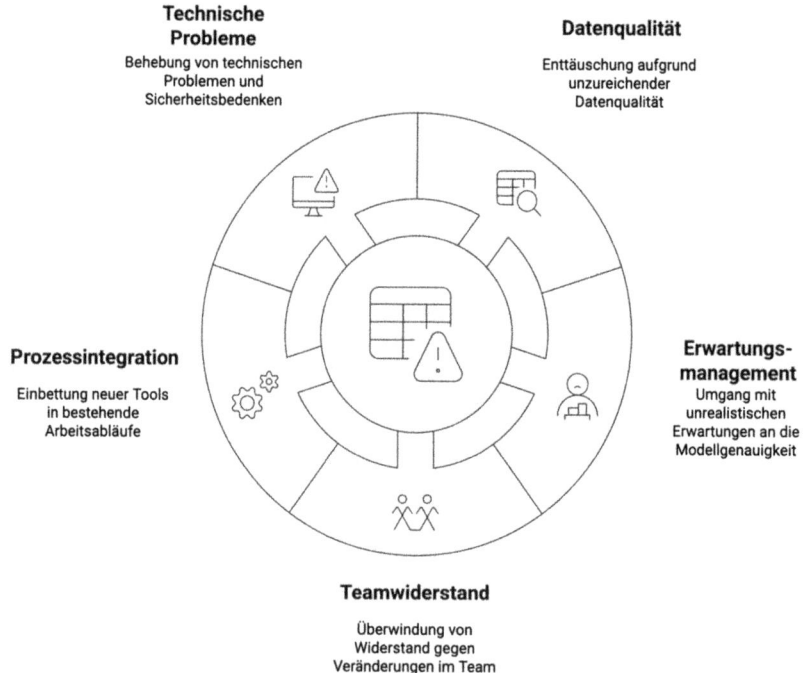

Abb. 7.3 Herausforderungen bei der PCI-Implementierung. (Eigene Darstellung)

7.3 Mögliche Stolpersteine

liegen können. Wenn ein Modell mal einen Trend nicht korrekt vorhergesagt hat, darf das nicht gleich das ganze Konzept infrage stellen. Stattdessen analysieren: War das Modell richtig trainiert? War die Entwicklung unvorhersehbar (Black Swan)? Hier ist es wichtig, den Erwartungsdruck zu managen: PCI verbessert die Entscheidungsgrundlage, ersetzt aber nicht das „unpredictable nature of life" völlig.

- **Widerstand im Team:**
Trotz aller Bemühungen kann es Einzelne geben, die passiv oder aktiv Widerstand leisten („Wir haben es immer anders gemacht", „Dafür haben wir doch unsere Erfahrung"). Solchen Widerständen begegnet man am besten mit Einbindung (wie oben beschrieben) und falls nötig auch klaren Anforderungen. Wenn das Management den Wandel trägt, muss jedem klar sein, dass es kein Zurück zur alten Komfortzone gibt. Aber Druck allein reicht nicht – idealerweise überzeugt man durch Nutzen.
- **Integration in laufende Prozesse:**
Ein häufiger praktischer Stolperstein: das Team ist so im Tagesgeschäft eingebunden, dass es kaum Zeit findet, sich dem neuen Tool zu widmen. Hier kann es helfen, gezielt jemanden freizustellen oder externe Interimskräfte zu nutzen, um das tägliche Geschäft abzufedern, während der Kern das Neue etabliert. Der Change muss im Prozess passieren, nicht zusätzlich on top, sonst droht Überlastung. In Meetings und Planungen sollte man den Einsatz der neuen Insights verankern (z. B. feste Agenda-Punkte), damit es selbstverständlich wird.
- **Technische Probleme und Sicherheit:**
Vielleicht gibt es anfangs Verbindungsprobleme mit Datenquellen, oder Daten laden zu langsam – technische Kinderkrankheiten können Frust erzeugen. Hier am Ball bleiben, Support einfordern von Anbietern, notfalls temporäre Workarounds. Auch muss darauf geachtet werden, dass Sicherheitsrisiken (z. B. Cloudnutzung, Zugriff von externen KI-Anbietern auf Social-Media-Accounts) minimiert und von der IT begleitet werden, damit nicht ein Sicherheitsvorfall das Projekt beschädigt.

Indem man diese potenziellen Hindernisse antizipiert und Gegenmaßnahmen parat hat, steigert man die Erfolgsaussichten der PCI-Implementierung. Der Wandel hin zur prädiktiven Kommunikationsorganisation ist anspruchsvoll, aber mit guter Planung, ausreichenden Ressourcen und vor allem dem richtigen Mindset im Team kann er gelingen. Die Belohnung ist eine agilere, schlagkräftigere Kommunikationsfunktion, die zukunftsgerichtet agiert und einen messbaren Unterschied für das Unternehmen macht.

8 Herausforderungen, ethische Aspekte und Ausblick

Zum Abschluss der inhaltlichen Kapitel beleuchten wir die Herausforderungen und ethischen Implikationen, die mit Predictive Communication Intelligence einhergehen, und geben einen Ausblick darauf, wie sich PCI in den nächsten Jahren entwickeln könnte.

8.1 Ethische und datenschutzrechtliche Überlegungen

Der Einsatz von Predictive Communication Intelligence (PCI) bringt enorme Potenziale für strategische Kommunikation, birgt jedoch auch sensible **ethische und regulatorische Herausforderungen**. Insbesondere im europäischen Raum ist die Einhaltung von Datenschutzprinzipien wie der DSGVO zwingend. PCI arbeitet häufig mit personenbezogenen Daten – seien es öffentliche Social-Media-Beiträge, journalistische Profile oder internes Mitarbeiter-Feedback. Auch scheinbar „öffentliche" Daten unterliegen rechtlichen Prüfpflichten, wenn sie ausgewertet werden. Daher gilt: Eine datenschutzfreundliche Systemgestaltung nach dem Prinzip „Privacy by Design" ist essenziell. Das bedeutet: pseudonymisierte Datenverarbeitung, transparente Dokumentation und eine klare Lösch- und Einwilligungslogik von Anfang an mitdenken.

Ein zweiter zentraler Aspekt ist die Gefahr **algorithmischer Verzerrungen**. KI-Modelle lernen aus vergangenen Daten – und reproduzieren dabei oft unreflektiert historische Vorurteile. So kann ein System beispielsweise bevorzugt männlich konnotierte Sprache vorschlagen, weil diese in früheren Pressemitteilungen häufiger mit medialem Erfolg verbunden war. Oder es interpretiert Unzufriedenheit in einer Abteilung fälschlich als altersbedingt, weil entsprechende

Korrelationen in den Trainingsdaten bestehen. Solche Verzerrungen können zu subtiler Diskriminierung oder fehlerhaften Empfehlungen führen. Daher ist Bias Detection und -Korrektur unerlässlich – etwa durch diverse Trainingsdaten, regelmäßige Modellanalysen und interdisziplinär zusammengesetzte Teams, die auf blinde Flecken achten.

Auch die **Transparenz** der Entscheidungslogik spielt eine Schlüsselrolle. PCI darf keine Black Box sein. Wenn ein System etwa empfiehlt, eine bestimmte Botschaft sofort zu senden, um einen drohenden Reputationsschaden abzuwenden, muss nachvollziehbar sein, wie diese Empfehlung zustande kam. Erklärbare KI (Explainable AI) hilft dabei, etwa durch Auflistung der Hauptfaktoren, die zur Prognose führten. Dies ist nicht nur eine technische Notwendigkeit, sondern auch eine kommunikative: Kommunikationsverantwortliche müssen in der Lage sein, solche Empfehlungen gegenüber Vorstand und Öffentlichkeit glaubwürdig zu vertreten.

Ein besonders sensibles Feld ist die **Grenze zwischen Personalisierung und Manipulation**. Wenn Systeme sehr genau wissen, welche Botschaft bei welcher Zielperson wirkt, wächst die Verantwortung, diese Erkenntnis ethisch zu nutzen. Kommunikation darf nicht zur psychologischen Steuerung degenerieren – auch wenn das technisch möglich wäre. Galloway und Swiatek (2018) warnen vor der Grauzone algorithmisch gestützter PR, die unmerklich Haltungen formt. Unternehmen sollten daher einen Ethik-Kodex etablieren, der klare Leitplanken definiert: Kein Ausnutzen individueller Schwächen, keine Angstkommunikation zur Verstärkung von Reaktionen – sondern Aufklärung, Transparenz und Empowerment als Kernprinzipien.

Schließlich bleibt der Mensch in der Schleife – ein Prinzip, das sich nicht nur regulatorisch (etwa im EU AI Act) durchsetzt, sondern auch kulturell. PCI darf niemals vollautomatisch agieren, ohne menschliches Review. Kommunikation ist immer kontextabhängig, und dieser Kontext kann nur durch menschliches Urteilsvermögen richtig eingeordnet werden. Fehler der KI sind Lernchancen – keine Ausreden. Letztlich tragen Menschen Verantwortung – nicht Algorithmen.

Organisationen tun gut daran, diese Punkte in Richtlinien und Trainings aufzunehmen. In der bereits erwähnten Studie von Zerfass et al. (2020) zeigte sich, dass viele Kommunikationsabteilungen noch keinen ausgereiften Umgang mit KI-Risiken entwickelt haben. Hier besteht Nachholbedarf. Allerdings gibt es auch positive Initiativen: Einige Branchenverbände erarbeiten Kodizes für AI in PR, und Firmen wie Microsoft propagieren KI-Ethik-Standards, die auch für Kommunikationsteams anwendbar sind (z. B. kultivieren einer Experimentierkultur ohne Verlust von Verantwortung).

8.2 Zukünftige Entwicklungen und Ausblick

Der Blick nach vorn zeigt: Predictive Communication Intelligence steckt 2025 zwar noch in den Anfängen, dürfte aber in den kommenden Jahren rapide an Bedeutung und Reife gewinnen. Einige Trends und Prognosen:

- **Noch mehr Echtzeit und Antizipation:**
  Bis 2030 erwarten Experten, dass Kommunikationsteams Nachrichten nicht nur kommentieren, sondern vorwegnehmen – beispielsweise durch „narrative Frühindikatoren" im Netz, die erkennen lassen, welche Story Journalisten morgen bringen wollen. PCI könnte so weit gehen, dass man Simulationen kompletter Szenarien fährt (z. B. „Wie reagiert die Öffentlichkeit, wenn wir nächsten Monat Produkt XY launchen und parallel ein geopolitisches Ereignis Z eintritt?"). Solche What-if-Labore werden durch immer bessere Datenmodelle unterstützt.
- **Synthetic Media und KI-Agenten:**
  Nanne Bos prognostiziert das Aufkommen von „synthetic stakeholders" – personalisierte KI-Agenten, die als Vermittler zwischen Organisation und Publikum agieren. Man kann sich das vorstellen wie individuelle Sprachassistenten oder Chatbots, die z. B. jedem Investor maßgeschneiderte Berichte liefern oder jedem Mitarbeiter die für ihn relevanten News erklären. Diese Agenten selbst werden mit prädiktiver Intelligenz arbeiten, um die beste Ansprache für ihren menschlichen Partner zu finden. Für Kommunikator*innen hieße das: Man orchestriert Kommunikation nicht mehr direkt für Menschen, sondern für/über deren KI-Assistenten. Die Kommunikation fragmentiert sich in Millionen personalisierter Mikro-Storylines. Das stellt enorme Anforderungen an Konsistenz und Ethik, weil man nicht mehr volle Kontrolle hat, was der „Zwischenbot" aus der Botschaft macht.
- **Integration mit anderen Unternehmensfunktionen:**
  Predictive Intelligence wird kein Inselsystem der Kommunikation bleiben. Wir sehen schon jetzt Überschneidungen mit Marketing (Predictive Brand Intelligence), mit Customer Experience (z. B. prädiktive Kundendienst-Kommunikation) im Kontext von Predictive Experience Intelligence(PXI) wie diese von cmm360[1] vorangetrieben wird, mit HR (predictive analytics

---

[1] https://www.cmm360.ch/. Zugegriffen am: 8. Juli 2025.

für Mitarbeiterzufriedenheit). In Zukunft werden diese Silos weiter verschwimmen. Es könnte zu bereichsübergreifenden Intelligence Centers kommen, die alle Stakeholder-Daten zusammenführen und Insights an alle relevanten Abteilungen ausspielen. Die Kommunikationsfunktion muss sich dann positionieren, um in diesem Konzert ihre spezifische Perspektive (Reputation, Public Reactions, Culture) einzubringen.

- **Höhere Akzeptanz und Normierung:**
  Was heute noch futuristisch klingt, wird in einigen Jahren voraussichtlich normal sein. Neue Generationen von Kommunikator*innen, die in den 2020ern ausgebildet werden, haben Data Literacy vermutlich in der DNA ihres Studiums. Branchenstandards könnten entstehen, z. B. Kennzahlen für "Communication Predictivity Index" oder Best Practices in KI-Ethik. Regulatorisch wird die Entwicklung ebenso geprägt: Sollte der Gesetzgeber z. B. Transparenzpflichten für KI-generierte Inhalte erlassen, muss auch die PR entsprechend justieren. Denkbar ist ebenso, dass Stakeholder selbst KI einsetzen, um Unternehmenskommunikation zu filtern – z. B. personalisierte Newsfeeds per AI, die PR-Meldungen je nach Interessenlage umschreiben. Darauf muss die Unternehmenskommunikation vorbereitet sein, wie Bos (2023) andeutet, wo nicht mehr die Organisation die Botschaft hoheitlich steuert, sondern Algorithmen sie modulieren.

- **Return to Human und Co-Kreation:**
  Interessanterweise erwartet man parallel zur technischen Durchdringung eine Renaissance der menschlichen Authentizität. Je mehr generierte Inhalte das Feld füllen, desto wertvoller werden echte menschliche Stimmen, Emotionen und Vertrauen. Kommunikationschefs müssen daher künftig zweigleisig fahren: Hightech-Datenmodelle nutzen, aber die resultierende Strategie bewusst mit Human Touch versehen. Edelmans Trust Barometer 2024 zeigte beispielsweise, dass das Publikum Botschaften von realen Menschen (z. B. Experten, Mitarbeitern) gegenüber generischem KI-Content bevorzugt. In diesem Sinne wird die Zukunft eine Ko-Intelligenz sein, keine reine Automatisierung. KI liefert Breite und Effizienz, Menschen liefern Tiefe, Kreativität und moralische Führung.

8.3 Fazit und Ausblick

Predictive Communication Intelligence wird sich von einem Trendthema zu einem festen Bestandteil professioneller Kommunikationsarbeit entwickeln. 2025 stehen wir noch relativ am Anfang dieser Reise – die Pioniere sammeln

8.3 Fazit und Ausblick

Erfahrungen, Standards entstehen, Technologien werden laufend besser. Für Kommunikationsleiter*innen bietet sich jetzt die Chance, Vorreiter zu sein und die Lernkurve zu nutzen, um einen Vorsprung aufzubauen. Die Unternehmen, die frühzeitig kompetente prädiktive Kommunikationspraktiken etablieren, werden resilienter und agiler durch die kommenden Turbulenzen navigieren können.

Dabei darf man jedoch nie vergessen, worum es letztlich geht: die wirksame Kommunikation zwischen Menschen. PCI ist ein mächtiges Werkzeug, diese Wirkung zu steigern und untermauern, aber es bleibt ein Werkzeug. Die Strategie, die Kreativität, die Beziehungspflege – all das behält seinen Stellenwert. Im Idealfall ergibt sich eine Symbiose: Daten und Algorithmen liefern objektive Erkenntnisse, Menschen füllen sie mit Bedeutung, Ethik und Empathie. Gemeinsam formen sie eine zukunftsfähige Kommunikationsarbeit.

Zum Abschluss dieses Playbooks bleibt als Kernbotschaft: Predictive Communication Intelligence ist keine ferne Vision mehr, sondern ab sofort ein entscheidender Erfolgsfaktor. Sie erlaubt es, Kommunikation planvoll in die Zukunft zu richten, anstatt nur die Vergangenheit zu verwalten. Für Kommunikationsverantwortliche bedeutet dies, sich auf den Wandel einzulassen, neue Kompetenzen aufzubauen und mutig die Vorteile der Datenintelligenz zu nutzen – immer geleitet von dem Ziel, bessere Kommunikation zu machen: relevanter, zeitgerechter, dialogischer und wertschöpfender. Die Weichen für 2025ff. sind gestellt – jetzt liegt es an uns, diese Entwicklung aktiv zu gestalten.

Was Sie aus diesem *essential* mitnehmen können

- **Predictive Communication Intelligence (PCI)** ist ein innovatives Konzept, das klassische Kommunikation mit datenbasierter Prognostik verbindet. Es befähigt Kommunikationsverantwortliche, **zielgerichtete und wirkungsvolle Next Best Actions** auf Basis dynamischer Datenmodelle abzuleiten.
- PCI unterscheidet sich klar von etablierten Konzepten:
  - **Data Science** fokussiert auf allgemeine Datenanalyse und Mustererkennung – PCI wendet diese Erkenntnisse gezielt in der Kommunikation an.
  - **Business Intelligence** liefert rückblickende Analysen (Was ist passiert?) – PCI denkt voraus (Was sollte als Nächstes geschehen?).
  - **Predictive Analytics** prognostiziert Verhalten – PCI übersetzt diese Prognosen in konkrete **kommunikative Handlungsoptionen**.
  - **Collective Intelligence** beschreibt emergente Gruppenintelligenz – PCI nutzt diese als Datenquelle und Kontextgeber für strategische Entscheidungen im Kommunikationsprozess.
- Durch PCI können Kommunikationsmaßnahmen nicht nur effizienter, sondern auch **besser auf Stakeholder zugeschnitten** werden – etwa durch individualisierte Inhalte, gezielte Touchpoint-Steuerung oder Relevanzfilterung.
- Die Einführung von PCI bedeutet **nicht bloß Technik- oder Tool-Einsatz,** sondern einen strukturellen Wandel: Kommunikationsabteilungen benötigen methodische, technologische und kulturelle Kompetenzen, um PCI nachhaltig zu verankern.
- PCI ist damit **kein Nischenthema,** sondern eine tragfähige Antwort auf aktuelle Herausforderungen der Kommunikation im Zeitalter von KI, Informationsflut und Echtzeitinteraktion.

Literatur[1]

Bos, N. (2023). Communicating with Robots, Connecting to People. White Paper, Arthur W. Page Society. (Vorgestellt in: 2025 AI Predictions – Page Society Blog). Zugegriffen: 20. Mai 2025.

Buhmann, A., Passmann, J., & Fieseler, C. (2021). Managing algorithmic accountability: Balancing reputational concerns, engagement strategies, and the potential of value-sensitive design. *Journal of Business Ethics, 170*(1), 79–95. https://doi.org/10.1007/s10551-020-04439-6.

Chen, H., Chiang, R. H. L., & Storey, V. C. (2012). Business intelligence and analytics: From big data to big impact. *MIS Quarterly, 36*(4), 1165–1188. https://doi.org/10.2307/41703503.

Cheng, Y., Sun, J., & Zhang, Y. (2019). A taxonomy of machine learning techniques for crisis communication research. *International Journal of Strategic Communication, 13*(4), 421–438. https://doi.org/10.1080/1553118X.2019.1618308.

Dillmann, T. (28. März 2025). *Predictive Communication Intelligence: Heute überprüfen, wie Kommunikation in der Zukunft wirkt. PR-Journal. (Interview mit Claudia Gabler)*. Zugegriffen: 20. Mai 2025.

Forthmann, J., Oswald, A., Seebacher, U. (2025). The Future of Influence: Transforming Lobbying with Predictive Intelligence and CommTech. In U. Seebacher, J. Forthmann, & T. Mickeleit (Hrsg.), *Mastering CommTech – Unlocking the Potential of Digital Transformation in Corporate Communications*. Springer Cham.

Freeman, R. E., Harrison, J. S., Wicks, A. C., Parmar, B. L., & de Colle, S. (2010). *Stakeholder Theory: The State of the At*. Cambridge University Press.

---

[1]Abkürzungen: Im Literaturverzeichnis sind alle zitierten Quellen in voller Länge nach APA-Richtlinien aufgeführt. Internetquellen enthalten das Abrufdatum. Bei englischsprachigen Titeln wurde der Originaltitel beibehalten.

Gabler, C., Seebacher, T., Seebacher, U. (2025). Case study predictive communication intelligence for educational institutions. In U. Seebacher, J. Forthmann, & T. Mickeleit (Hrsg.), *Mastering CommTech – Unlocking the Potential of Digital Transformation in Corporate Communications*. Springer Cham.

Galloway, C., & Swiatek, L. (2018). Public relations and artificial intelligence: It's not (just) about robots. *Public Relations Review, 44*(5), 734–740. https://doi.org/10.1016/j.pubrev.2018.10.008.

Jin, Y., Liu, B. F., & Austin, L. L. (2014). Examining the role of social media in effective crisis management: The effects of crisis origin, information form, and source on publics' crisis responses. *Communication Research, 41*(1), 74–94. https://doi.org/10.1177/0093650211423918.

Krings, W., Nissen, A., Seebacher, U. (2025). Mastering Cultural Intelligence in the Era of CommTech and Predictive Communication Intelligence. In U. Seebacher, J. Forthmann, & T. Mickeleit (Hrsg.), *Mastering CommTech – Unlocking the Potential of Digital Transformation in Corporate Communications*. Springer Cham.

Kumar, V., & Pansari, A. (2016). Competitive advantage through engagement. *Journal of Marketing Research, 53*(4), 497–514. https://doi.org/10.1509/jmr.15.0044.

Luoma-aho, V., & Vos, M. (2010). Towards a more dynamic stakeholder model: Acknowledging multiple issue arenas. *Corporate Communications: An International Journal, 15*(3), 315–331. https://doi.org/10.1108/13563281011068159.

Luntadila, N. (27. April 2025). The 2025 AI Leadership Playbook: Stay Human, Go Machine. Beitrag auf LinkedIn. (Enthält Daten aus IBM CEO Study 2024 und EU AI Act Timeline).

Mitchell, R. K., Agle, B. R., & Wood, D. J. (1997). Toward a theory of stakeholder identification and salience: Defining the principle of who and what really counts. *Academy of Management Review, 22*(4), 853–886. https://doi.org/10.2307/259247.

Moser, K. (29. April 2025). *Why predictive analytics is the future of public relations and media outreach. Agility PR Solutions (Blog)*. Zugegriffen: 15. Mai 2025.

Nkembuh, N. (2024). Leveraging predictive analytics for strategic corporate communications: Enhancing stakeholder engagement and crisis management. *Journal of Computer and Communications, 12*(10), 51–61. https://doi.org/10.4236/jcc.2024.1210005.

Samson, D., & O'Leary, J. (2020). *CommTech – The Path to a Modern Communications Function*. Page Society.

Seebacher, U. (2023). Das B2B Marketing Öko-System – Eine Reise durch die bunte Welt der B2B Begriffe. In U. Seebacher (Hrsg.), *Praxishandbuch B2B-Marketing*. Springer Gabler, Wiesbaden. https://doi.org/10.1007/978-3-658-40037-8_3.

Seebacher, U. (2024). *Unternehmenskommunikation neu gestalten: Corporate Communication fit machen für eine zeitgemäße Ausrichtung – mit Self-Assessment, Checklisten und Templates*. Springer Gabler.

Seebacher, U., & Legat, C. (2025). *Collective Intelligence. The Rise of Swarm Systems and Their Impact on Society*. CRC Press Taylor & Francis Group.

Sharma, A. K., Sharma, D. M., Purohit, N., Rout, S. K., & Sharma, S. A. (2022). Analytics techniques: Descriptive analytics, predictive analytics, and prescriptive analytics. *Decision intelligence analytics and the implementation of strategic business management* (S. 1–14).

Siegel, E. (2016). *Predictive Analytics: The power to predict who will click, buy, lie, or die.* (Revised and Updated Edition). Wiley.

Trummer, B., Nitsche, G., Seebacher, P., Seebacher, U. (2025). Communication Conversion Optimization (CCO) – Leveraging CommTech for Performance Excellence. In U. Seebacher, J. Forthmann, & T. Mickeleit (Hrsg.), *Mastering CommTech – Unlocking the Potential of Digital Transformation in Corporate Communications.* Springer Cham.

van Ruler, B. (2018). Communication theory: An underrated pillar on which strategic communication rests. *International Journal of Strategic Communication, 12*(4), 367–381. https://doi.org/10.1080/1553118X.2018.1452240. (Nichtdirektzitiert, theoretischer Kontext).

Weisenberg, M., Zerfass, A., & Moreno, Á. (2017). Big data and automation in strategic communication. *International Journal of Strategic Communication, 11*(2), 95–114. https://doi.org/10.1080/1553118X.2017.1285770 (Nichtdirektzitiert, liefert Hintergrundzu Daten/Automationin Komm).

Wolniak, R., & Grebski, W. (2023). The concept of diagnostic analytics. *Zeszyty Naukowe. Organizacja i Zarządzanie/Politechnika Śląska.*

Zerfass, A., Hagelstein, J., & Tench, R. (2020). Artificial intelligence in communication management: A cross-national study on adoption and knowledge, impact, challenges and risks. *Journal of Communication Management, 24*(4), 377–398. https://doi.org/10.1108/JCOM-10-2019-0137.

GPSR Compliance
The European Union's (EU) General Product Safety Regulation (GPSR) is a set of rules that requires consumer products to be safe and our obligations to ensure this.

If you have any concerns about our products, you can contact us on

ProductSafety@springernature.com

In case Publisher is established outside the EU, the EU authorized representative is:

Springer Nature Customer Service Center GmbH
Europaplatz 3
69115 Heidelberg, Germany

www.ingramcontent.com/pod-product-compliance
Ingram Content Group UK Ltd.
Pitfield, Milton Keynes, MK11 3LW, UK
UKHW022236230426
12048UKWH00018BA/1285